杭州市哲学社会科学规划课题成果

课题名称：杭州市世界遗产申报和保护工作发展趋势研究

课题编号：D13WH03

杭州市世界遗产申报和保护工作发展趋势研究

钟 玮 韩嫣薇 庄 欣 余燕红 著

浙江工商大学出版社

ZHEJIANG GONGSHANG UNIVERSITY PRESS

U0744087

图书在版编目(CIP)数据

杭州市世界遗产申报和保护工作发展趋势研究 / 钟玮等著. —杭州：浙江工商大学出版社，2017.6

ISBN 978-7-5178-2198-4

Ⅰ. ①杭… Ⅱ. ①钟… Ⅲ. ①文化遗产－介绍－杭州 Ⅳ. ①K295.51

中国版本图书馆 CIP 数据核字(2017)第 128578 号

杭州市世界遗产申报和保护工作发展趋势研究

钟　玮　韩嫣薇　庄　欣　余燕红 著

责任编辑	王黎明	
封面设计	林朦朦	
责任印制	包建辉	
出版发行	浙江工商大学出版社	
	（杭州市教工路 198 号　邮政编码 310012）	
	（E-mail：zjgsupress@163.com）	
	（网址：http://www.zjgsupress.com）	
	电话：0571-88904980，88831806（传真）	
排　　版	杭州朝曦图文设计有限公司	
印　　刷	杭州恒力通印务有限公司	
开　　本	710mm×1000mm　1/16	
印　　张	15	
字　　数	239 千	
版 印 次	2017 年 6 月第 1 版　2017 年 6 月第 1 次印刷	
书　　号	ISBN 978-7-5178-2198-4	
定　　价	39.00 元	

前　言

　　杭州市世界遗产申报和保护工作具有鲜明的亮点与特色：(1)杭州同时拥有处于准备申遗阶段的文化遗产——钱塘江海塘(可考虑与钱江潮一起申遗)、纳入正式申报轨道的文化遗产——良渚遗址、已经成功列入《世界遗产名录》的两项世界文化遗产——西湖、大运河(杭州段)。杭州已经具备了丰富的申遗经验，但随着国内外申遗工作的不断专业化和申遗竞争的日趋激烈，杭州市申遗工作的思路和措施还需积极探索、提高。(2)杭州市世界遗产申报和保护工作涉及了世界遗产类型的不断探索和扩展。西湖属于文化景观遗产，大运河属于文化线路遗产。这两类较为新型的文化遗产类型是在《保护世界文化和自然遗产公约》中规定的世界文化遗产三种基本类型的基础上不断发展演变而来的，其定义已基本确定，但其内涵还在不断动态发展中。这两类较新的文化遗产类型区别于其他文化遗产类型的关键在于更强调"人"和"文化"在遗产的形成和发展中所起的决定性作用。西湖和大运河(杭州段)这两项"活态"的文化遗产对杭州市世界遗产申报和保护工作提出了更高的要求和目标。(3)杭州的西湖、大运河(杭州段)、钱塘江海塘等文化遗产与所在地居民的日常生产、生活关系十分紧密，是由千千万万民众创造、传承和分享的文化遗产。国内外很多的世界遗产，尤其是世界文化遗产，往往是被围墙封闭起来的一个个遗址或是建筑群，与所在地居民的关系是比较疏远的。但是，杭州的西湖、大运河(杭州段)、钱塘江海塘等文化遗产是所在地居民日常生产、生活中必不可少的一部分，完全融入了普通民众的日常生活。这一特色要求杭州市世界遗产申报和保护工作必须十分重视细致、普惠、可持续的社区参与，同时也为这些文化遗产更好地反哺所在地的民众提供了良好的条件。(4)杭州的这些文化遗产与非物质文化遗产的关系十分紧密。西湖、大运河(杭州段)等文化遗产为相关的非物质文化遗产提供了发生的必要条件和发展的广阔舞台。相关的非物质文化遗产则构成了这些文化遗产的价值和内涵的重要组成部分，并为这些文化遗产的阐释和传播提供了丰富的媒介和手段。杭州的这些文化遗产与相关的非物质文化遗产一起构成了一个内涵丰富、生机勃勃的文化体系。

　　基于杭州市世界遗产申报和保护工作所具有的特点,结合世界遗产学当前的发展潮流,本课题组成员在总结、分析杭州市世界遗产申报和保护工作现有成果的基础之上,努力探究未来的趋势,希望能为该工作的可持续发展提供一些有用的思路与建议。本书不求全,但求言之有物,略有几分学术价值。针对现在和将来杭州市世界遗产申报和保护工作中已经或可能遇到的一些常见情况、一些新鲜话题,本书进行了认真的探讨。本书共有六章,秉承了从申遗到申遗成功后的保护与管理以及外延到与相关文化现象的互动关系这样一条清晰的脉络,覆盖了杭州市世界遗产申报和保护工作中的申报、阐释与宣传、社区参与、与非物质文化遗产的关系、与城市文化的关系、网站建设等多个重要领域。浙江工商大学教师钟玮撰写了本书第一章、第三章和第四章,英国伯明翰大学铁桥国际文化遗产研究所(Ironbridge International Institute for Cultural Heritage,University of Birmingham)博士研究生韩嫣薇撰写了第二章,浙江工商大学教师庄欣撰写了第五章,浙江工商大学杭州商学院教师余燕红撰写了第六章。

　　本课题组成员各展所长,努力写成此书,不仅仅是为了顺利完成杭州市哲学社会科学规划课题《杭州市世界遗产申报和保护工作发展趋势研究》,更是为了抛砖引玉,希望能与各位专家学者、热心读者一起为我们所热爱的杭州市的世界遗产事业添砖加瓦。杭州市所拥有的这些世界级的文化遗产将长久地存在,我们只是这些文化遗产存续演变至今的亲历者、参与者,我们有幸做些力所能及的学术工作,为它们的可持续保护与发展尽一份绵薄之力。其实,我们与九百多年前跟着大诗人苏东坡一起疏浚西湖的千千万万劳动者何其相似,只不过他们肩上的扁担换成了我们双手不断敲打着的键盘,我们同样默默无闻,但又都为自己能做些有意义的事而满怀喜悦,这些永恒的文化遗产在我们大家的手中、心中代代相传,将来一定能更加璀璨夺目!

钟玮、韩嫣薇、庄欣、余燕红

于中国杭州、英国伯明翰

2017 年 3 月 10 日

目　　录

钱塘江海塘和钱江潮申遗可行性初探

第 1 章

1.1　概述

　　杭州西湖文化景观与大运河(杭州段)已成功申遗。良渚遗址已"万事俱备",接下来要做的就是努力争取获得中国每年一个的世界文化遗产申报名额①。杭州还有没有"潜力股"了？有的——钱塘江海塘与钱江潮。"八月十八潮,壮观天下无",这是北宋大诗人苏东坡咏赞钱塘潮的千古名句。钱塘江大潮号称"天下第一潮",每年大潮来临,都吸引数十万游客争相目睹。而与之相伴的是,千百年来生活在钱塘江两岸的劳动人民,以"愚公移山"般的精神,一代又一代人不曾停歇地奋力修筑着钱塘江海塘,薪火相传,竭尽所能,为的就是把汹涌的钱塘江水(尤以钱塘江大潮的破坏力为最巨)化害为利,建设美好的家园。如此天下奇观,如此伟大的水利工程,能否成为杭州的又一处世界遗产呢？

　　2014 年年初的杭州市政府与杭州市政协工作协商联席会议上,共同确定把"钱塘江运河西湖沿线景观与文化资源提升利用"作为 2014 年重点协商议题。市政协高度重视,并把它列入常委会工作要点。围绕这一议题,杭州市政协城建委、文史委牵头组织了一系列调查研究,形成阶段性成果,并提出了针对性建议。2014 年 9 月 15 日,杭州市政协召开十届三十九次主席会议,就"钱塘江运河西湖沿线景观与文化资源提升利用"议题协商议政。原杭州市政协主席叶明出席并讲话,他指出"钱塘江运河西湖沿线景观与文化资源提升利用"是一篇大文章,具有重要价值。会上,委员代表、相关单位和专家踊跃发言,建言献策。杭州市政协文史委认为,钱塘江海塘和钱江潮是数千年以来,钱塘江两岸人民与大自然共同创作的一件"杰作"——钱江潮是天下奇观;钱塘江海塘跟长城、大运河并称为我国古代三项最伟大的工程,与大运河一样,是中国古代水利工程的巅峰之作,尤其是清代钱塘江沿岸的"鱼鳞大石塘",更是将传统海塘工程技术发展到了最高水平。杭州市政协文史委建议,杭州与海宁整合资源共同申报世界遗产,可以将钱塘江海塘和钱江潮以"文化景观"类型来申报世界文化遗产。遗产申报名称可以暂

────────────

　　①　在目前阶段,为了平衡世界自然遗产与世界文化遗产的数量,世界遗产委员会规定,每年每个国家的两个申报名额里,有一个必须是自然遗产,还有一个可以是文化遗产,也可以是自然遗产。

定为"钱塘江海塘(钱江潮)"。遗产申报范围选取保存较好、遗产点较丰富、地段比较重要的钱塘江北岸海塘(起点为西湖区转塘狮子口,终点为海宁市盐官镇)。浙江省钱塘江管理局相关人士提出,杭州现存钱塘江古海塘本身承载的文化价值不可忽视,如果条件成熟可以申报世界物质文化遗产。杭州市园文局相关人士表示,在钱塘江沿岸,除抢修了钱塘江大桥、六和塔、之江大学旧址等一大批重要的文保单位外,他们还十分关注钱塘江海塘工程和围垦文化。在第五批市保护单位中推荐了"杭州经济技术开发区围垦历史遗迹(3 号大堤、创业 1 号闸)"。这是杭州首个与围垦文化有关的文保单位(杭州网,2014)。

2015 年 5 月 25 日,杭州市政协组织委员视察钱塘江古海塘,叶明指出钱塘江古海塘申报世界文化遗产刻不容缓。委员们建议:国家文物局尽快将钱塘江古海塘列入《中国世界文化遗产预备名单》,加强对钱塘江古海塘(包括钱江潮)保护和申遗工作的指导和支持;建议国家文物局尽快将其整体(包括钱塘江两岸各区域各时期的海塘)纳入第八批全国重点文物保护单位(海宁段已是国保单位),制订相关的全面保护规划,并给予专项保护经费;水利部会同国家文物局组建专家组,编制钱塘江古海塘修缮保护技术规范,指导钱塘江古海塘的保护和修缮;加强对钱塘江古海塘的研究和宣传(人民政协报,2016)。

2016 年 9 月 19 日,由杭州市政协、中国水利水电科学研究院共同主办的"钱塘江海塘保护与申遗"研讨会暨 2016 年杭州文史论坛在杭州举办。来自中国水利水电科学研究院、中国文化遗产研究院、杭州文史研究会、浙江省钱塘江管理局、中国社会科学院、浙江大学等科研院所及政府机构的近百名专家学者参加了论坛,畅所欲言,为钱塘江海塘的申遗出谋划策。专家们讨论了相关文物的保护、完整文化内涵的发掘、世界遗产申报的可能类型等有关申遗的各方面情况,取得了丰硕的成果。叶明发表重要讲话,指出:"可以说,钱塘江海塘对杭州而言,是守护城市生存与发展的坚强卫士。它不仅捍卫了杭州城,也保障了太湖南岸及宁绍平原的发展,保障了运河江南段的沿用,保障了宋代以来国家财赋的积累,促进了江南地区的经济社会文化发展,发挥了多方面的巨大作用。……钱塘江海塘是数千年来钱塘江两岸人民与大自然相互作用、相互影响共同创作的一件杰出'作品'和系列遗产的代表作,具有世界遗产的突出普遍价值,符合世界遗产的第四、第五、第六这三项标准,价值内涵完全符合'世界文化景观'的标准。"(骆阳,2016)叶明认为钱塘江海塘应该及时申报世界文化遗产。

1.2　钱塘江海塘和钱江潮简述

本节侧重于从申遗的角度对钱塘江海塘和钱江潮予以简介,为下节探讨申遗的可行性做准备。

1.2.1　钱江潮简述

涌潮是一种自然现象,世界上有涌潮的河流很多,如巴西的亚马孙河、中国的钱塘江、法国的塞纳河、英国的塞汶河和印度的恒河等,其中巴西的亚马孙潮、印度的恒河潮与中国的钱江潮,并称为世界三大强涌潮。钱江潮是世界三大涌潮中最具观赏性和规律性的涌潮,一线潮、碰头潮、交叉潮、回头潮……千变万化的涌潮,加上冲击海塘时的磅礴气势,成为每年世人争相观赏的奇景。钱江潮的形成是由诸多因素综合而成:天体引力和地球自转产生的离心作用,杭州湾特殊的外宽内窄、外深内浅的喇叭口地形,以及夏秋之交东风或东南风盛行(周光明、李振玲,2007)。

随着人类活动的大幅度增加,钱江潮也受到了各种影响,这是不可避免的,绝大多数申报世界遗产的自然遗产、文化遗产都有这样那样的问题,关键是要厘清问题,把不利影响控制在合理的范围内。钱江潮受到的人类活动影响主要有以下几项:(1)钱塘江该区段内以杭州湾跨海大桥、嘉绍大桥为代表的众多桥梁的建设对钱江潮产生了一定的影响。客观地说,大桥的设计方已经在工程技术允许的范围内,想办法尽量减少了对钱江潮的影响。总长 36 公里的杭州湾跨海大桥有两处分别宽 448 米和 318 米的桥下通道,为钱江潮和海轮的通过留出了空间。嘉绍大桥水中区引桥大量采用大直径钻孔桩,单桩混凝土灌注量超过 1300 立方米,为目前世界直径最大的单桩。这项技术创新,既解决了受重力的问题,也最大限度地减少了阻水面积,从而最大限度地减少了对钱江潮的影响。(2)嘉兴澉浦以西钱塘江两岸围垦海涂 80 万亩,使八堡以上的河道变窄变弯曲,造成进潮量减少。

钱江潮是一项自然景观,申遗时主要考察的是它相关自然科学领域的价值。但是,充分发掘它实际存在的文化内涵也是一个重要的环节。与钱江潮相关的诗词歌赋(比如苏东坡的相关诗歌)、非物质文化遗产(如钱江观潮习俗),应该得到充分的收集、整理和阐释。

图 1-1 杭州萧山美女坝观潮(来源:人民网)

1.2.2 钱塘江海塘简述

"有历史记载以来,钱塘江平均 2.7 年中就有一次大的洪涝灾害、3.4 年中就有一年大旱灾、7.3 年中有一次大潮灾,特别是河口地区,潮强流急,风潮洪涝灾害不断,这都足以说明钱塘江水患之严重。"(席晓蕊,2015)千百年来,为了治理钱塘江水患,在钱塘江河口两岸修筑起了凝聚千千万万劳动人民血汗与智慧的钱塘江海塘,它与长城、大运河并称为我国古代最伟大的三项工程。

钱塘江海塘为钱塘江河口防洪、防潮江堤的习称。在历史上,钱塘江古海塘屡建屡毁,营筑难度极大。早在两千多年前,生活在钱塘江两岸的人们就已经开始兴建海塘。东汉建安十一年(206 年)在钱塘县(现杭州)就已出现了中国历史上有记载的第一条土塘。至唐代,钱塘江两岸已筑起大量土塘。五代十国时期,吴越王钱镠在杭州发明用竹笼装石堆塘,并以木桩固定的筑造方法修筑"竹笼石塘"结构的捍海塘,使抗潮能力上了一个新的台阶。中国工程院院士、中国水利水电科学研究院副院长胡春宏指出:"古代海塘历经吴越竹笼石塘到北宋叠砌石塘、陂陀塘,南宋纵横石塘,再到明清鱼鳞石塘等发展历程,每一种塘型都代表着一定时期海塘技术的进步和发展。"(李宏,2016)虽然海塘修建技术不断改进,但由于钱塘江河口潮强流急,滩岸涨坍变化频繁,海塘仍然常常崩塌。直到明嘉靖二十一年(1542 年)黄光升在海盐创建五纵五横重力式鱼鳞石塘,海塘修建技术才有了质的飞跃,从此开始逐步扭转钱塘江海塘步步后退的局面。至清代乾隆年间,钱塘江海塘的修筑工程达到鼎盛。乾隆皇帝六下江南,其中有四次亲自巡视海塘,体现出他对海塘建设的高度重视——他不惜投入巨大的人力、物力,希望能"一劳永逸"地修建起坚固的海塘。这一时期的海塘修筑技术已日趋完善。塘基采用 5 米多长的粗木料打成"马牙桩""梅花桩"等不同类型的桩,塘身采用尺寸统一、六面平整的大条石干砌,纵横排列,以糯米浆拌石灰灌缝,取铁锭等部件相连。石塘内侧筑土堤防渗,外侧底部设砌石护坦,护坦外侧再用木排桩保护。至乾隆朝晚期,沿着钱塘江终于建立起 280 公里坚固的鱼鳞大海塘,史称"根基巩固、表里坚凝、严若长城"。历经明清两代,前后修筑时间长达 250 余年,耗费巨资建成的钱塘江鱼鳞海塘,在世界海塘建筑史上被认为是一项杰出的创造。

时至今日,现存钱塘江古海塘中,除了西江塘仍作为一线海塘发挥着重要作用外,其余基本随着江道变迁和新中国成立后开展的大规模治江围垦而逐步"退居二线",很多已掩埋地下。目前,杭州和海宁是钱塘江北岸海塘保存最好、最重要、最具代表性的区段,两地仍保留着较为完整的海塘遗迹。杭州市的吴越海塘、明清海塘和海宁的鱼鳞海塘,是中国海塘建筑史上最有代表性的两个历史阶段的实物遗存。1983 年 7 月在杭州江城路铁路立交桥施工工地首次发现五代吴越捍海塘遗址。2014 年 6 月 5 日至 11 月 15 日,杭州市文物考古研究所对位于江城路上原江城文化宫所在位置(位于 1983 年发掘地点以北 1 公里处)的又一段近 10 米的吴越捍海塘遗址进行了考古发掘。据杭州市文物考古研究所副所长郎旭峰介绍,"五代吴越国捍海塘遗址是我国迄今为止发现并保存完好的最早海塘实物,对研究唐五代土木工程技术和海塘修筑技术具有重要价值"(浙江在线,2015)。杭州市文物考古研究所还分别于 2014 年和 2015 年在杭州吴山东部的平安里和萧山塘湾村发现了"柴塘"的实物遗存,证实了原先只见于文献记载中的"柴塘"的存在。

图 1-2　2014 年杭州江城路吴越捍海塘遗址发掘现场（来源：浙江在线）

　　钱塘江海塘是一项文化遗产，它在申遗时的工作要点是要能够完整阐释它的文化内涵与社会价值、原真性与完整性。当前，首先要做的是及时采取措施，最大限度地保护好现存的钱塘江古海塘——大量古海塘遗址正经受着自然的侵蚀和人为活动的破坏。一旦古海塘遗址受到的破坏超过一定程度，原真性和完整性将荡然无存，文化内涵也将"随风飘散"，申遗便是空谈了。第二，现在开始就要广泛收集、整理与钱塘江古海塘有关的政治、经济、文化、科技各领域的资料，从而在申遗时能完整地阐释钱塘江古海塘的内涵与价值，说明钱塘江古海塘是体现人与自然和谐共处的典范。

1.3　钱塘江海塘和钱江潮申遗可行性浅析

1.3.1　钱塘江海塘和钱江潮具有突出的普遍价值

　　任何一项文化遗产或自然遗产想要成为世界遗产，必须要能充分论证自己是具有联合国教科文组织世界遗产委员会制定的《实施〈世界遗产公约〉操作指南》里所要求的"突出的普遍价值（Outstanding Universal Value）"。以下是它的定义。

Outstanding Universal Value means cultural and/or natural

significance which is so exceptional as to transcend national boundaries and to be of common importance for present and future generations of all humanity. （UNESCO *Intergovernmental Committee for the Protection of the World Cultural and Natural Heritage 2011*：14）

突出的普遍价值是指(遗产的)文化和/或自然的重要性是如此的卓越以至超越了国家的界限,并对现在和未来的全人类都具有普遍的重要意义。

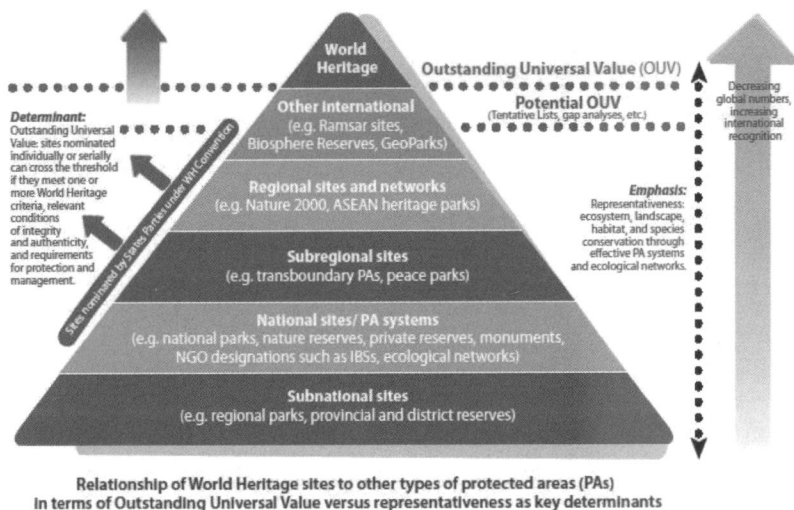

图 1-3 世界遗产与其他各类遗产的等级关系

(来源：Preparing World Heritage Nominations)

认真理解《实施〈世界遗产公约〉操作指南》里"突出的普遍价值"的定义之后,我们可以把它直白地解释为："突出的普遍价值"就是指某项遗产的重要性达到了全人类顶级卓越的程度。图 1-3 很明确地印证了这一直白的解释。"突出的普遍价值"是一个貌似主观性很强的概念,但是,专家们为它在实践中的评判制定了三个严谨的客观要求,缺一不可(图 1-4)。这三个客观要求分别为：

(1)符合世界遗产评选标准中的一条或几条;(2)具有完整性和/或原真性;(3)符合相应水准的保护和管理要求。

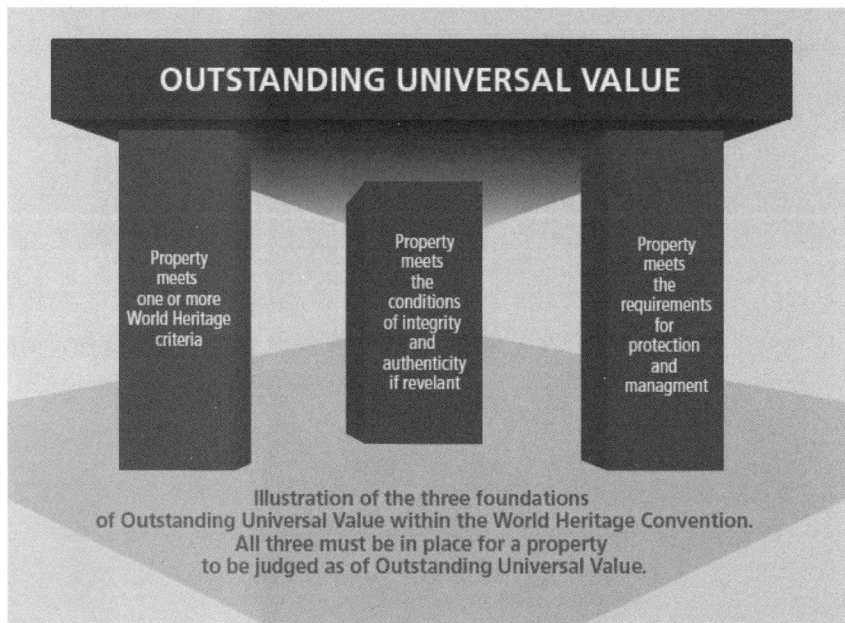

图 1-4 "突出的普遍价值"构成图（来源：Preparing World Heritage Nominations）

接下来，我们就从这三个客观要求出发，探讨钱塘江海塘和钱江潮所具有的"突出的普遍价值"。

第一，钱塘江海塘和钱江潮符合世界遗产评选标准中的第一、四、五、七条。评选世界遗产，十条评选标准中最少只需符合一条就可以满足这个客观要求。所以在讨论这一客观要求时，我们不必贪多求全，关键是充分阐述我们自己提出的主张，使世界遗产委员会委派的国际古迹遗址理事会和世界自然保护联盟的评审专家能够信服、接受。在最后形成的评估报告中，评估专家会对我们提出的主张逐一评判，加以取舍。如果评估专家认为钱塘江海塘和钱江潮还符合其他的评选标准，他们也会予以补充。评选标准第一条的关键是要求某项文化遗产不仅是人类创造力的结晶，还要达到被举世公认为天才般的杰作的水平。运用鱼鳞石塘的技术所建造的明清古海塘通过充分论述其技术特点和使用效果是完全能够满足第一条评选标准的要求。评选标准第四条的关键是要求某项文化遗产其杰出的建筑物能展现出人类历史上一个或几个重要的阶段。以巍峨绵延的明清鱼鳞大石塘为代表的钱塘江古海塘在规模上已经足够杰出，而且，它还能作为一个重要的物证，向世人展现出中国乃至世界历史上一个重要的阶段——康乾盛世，中国封建社会最后的辉煌。康乾时期倾举国之力,按当时技术条件下的最高标准修建完成的钱塘江海塘不仅是一个伟大的水利工程,它更是造就康乾盛世的一个重要因素。钱塘江海塘保卫了江南地区的杭嘉湖平原、宁绍平原、京杭大运河和浙东运河。江南地区是康乾时期的国家经济重心所在,京杭大运河、浙东运河是运输钱粮赋税的国家命脉,而这一切都仰仗于钱塘江海塘的拱卫。由此,钱塘江海塘与康乾盛世的紧密关系是显而易见的。评选标准第五条的关键是要求某项以人类传统定居、劳作方式为主题的文化遗产或是代表了一种或几种重要的文化,或是体现了人与自然的和谐共存。钱塘江两岸的劳动人民千百年来在这里定居、劳作,他们在钱塘江海塘上倾注了自己的智慧与血汗,实现了治理钱塘江、保护钱塘江、合理利用钱塘江的目的。因此,钱塘江海塘很典型地体现了人与自然的和谐共存。评选标准第七条的关键是要求某项自然遗产或是体现了最显著的自然现象(比如山最高、湖最深等)或是举世公认的非常美、非常壮观。以九寨沟为例,它并没有最高的山、最深的湖,但是它非常美,达到了世界顶级程度,于是它就符合了这条标准。钱江潮,不但是与亚马孙潮、恒河潮齐名的世界三大强涌潮之一,而且具有极强的观赏性,其壮美程度达到世界顶级,因此,它可以说是"轻松"满足了第七条标准的要求。

第二,钱塘江海塘和钱江潮具有足够的完整性和原真性。世界上绝大多数的自然遗产和文化遗产都不敢"奢望"拥有完美无缺的完整性和原真性,关键是能论证它们的完整性和原真性是否合格甚或更好。钱江潮是自然遗产,只需考察它是否具有足够的完整性,不必考虑原真性。钱江潮的完整性受到大规模围垦和以杭州湾大桥、嘉绍大桥为代表的诸多桥梁的影响。这种影响是不能回避、漠视的——世界遗产德国德累斯顿埃尔伯峡谷(也可译为易北河谷)就是因为坚持建造了瓦施罗申桥(图 1-5)而被世界遗产委员会从《世界遗产名录》中除名的。瓦施罗申桥建在该世界遗产的核心区域,对该遗产的"突出的普遍价值"造成了严重破坏。钱塘江相关区段上的围垦和大桥倒是没有造成这么严重的影响。但是,我们也应该积极做好相关的科学研究,用科学数据来说明这些人为建设活动对景观和潮水径流的影响是控制在一个合理范围之内的。钱塘江古海塘属于文化遗产,需要考察它的完整性和原真性。应该说,钱塘江古海塘的原真性是显而易见的,大量的古海塘遗址和部分仍然在使用的古海塘区段都是客观存在的,不容置疑。

现在要做的主要工作是不断进行考古挖掘,使钱塘江古海塘各个时期的塘型都有客观证据支撑,形成一个完整的阐释链条。目前,古海塘的考古挖掘工作陆续有所收获,形势喜人,古海塘的完整性应该不成问题。

图 1-5 瓦施罗申桥(来源:BBC News)

第三,钱塘江海塘和钱江潮的保护和管理是基本合格的,但从申遗的角度看还有很大的提升空间。保护和管理这项客观要求相对于前两项要求而言是相对比较简单的,只要我们认认真真去做,是完全可以办好的。国际古迹遗址理事会和世界自然保护联盟的专家在评估遗产保护和管理情况时,是要看实实在在的"干货"的:相关法律法规、管理机构、人员配备、资金,以及可持续发展的规划等。目前,与钱塘江海塘和钱江潮有关的法律法规有两部——《浙江省钱塘江管理条例》和《杭州市钱塘江防潮安全管理办法》,但它们规范的是防汛防潮、海塘建设维护等普通水利工作。接下来,我们应该尽快从世界遗产的角度出发,制定相关法律法规。要完成这项法律工作,有两种途径,都是实际可行的:(1)学习四川省制定《四川省世界遗产保护条例》的做法,制定一部规范整个浙江省世界遗产申报、保护、管理和可持续发展的法规,"一劳永逸"地使浙江省所有世界遗产领域的工作都有法可依;(2)向《湖南省武陵源世界自然遗产保护条例》《福建省武夷山世界文化和自然遗产保护条例》等法律法规学习,为钱塘江海塘和钱江潮单独制定一部具有高度针对性的法规。制定高起点的相关法律法规是助力申遗的第一步,接下来还要设立相关的管理机构。现在,浙江省钱塘江管理局负责管理与钱塘江海塘、钱江潮有关的普通水利工作,对于申遗工作涉及不多。将来,最好能设立一个由相关政府部门、科研院所、企事业单位共同派出代表,定期协商的联席机构(并附设一个小型精干的秘书处负责日常事务)来协调、组织、管理钱塘江海塘和钱江潮申遗,以及成功列入《世界遗产名录》以后的保护和可持续发展的工作。

1.3.2　钱塘江海塘和钱江潮可以申报世界文化和自然双重遗产

根据《保护世界文化和自然遗产公约》(简称《世界遗产公约》)的定义,钱塘江海塘属于文化遗产,钱江潮属于自然遗产。钱塘江海塘与钱江潮是两项紧密相关的遗产,把它们结合在一起申报世界遗产是完全可行的。根据《实施〈世界遗产公约〉操作指南》第 46 条的规定,钱塘江海塘和钱江潮这个申遗项目应该归属于世界文化和自然双重遗产。

46. *Properties shall be considered as "mixed cultural and natural heritage" if they satisfy a part or the whole of the definitions of both cultural and natural heritage laid out in Articles 1 and 2 of the Convention. (UNESCO Intergovernmental Committee for the Protection of the World Cultural and Natural Heritage 2011: 13)*

46. 只有同时部分满足或完全满足《公约》第 1 条和第 2 条关于文化和自然遗产定义的遗产才能认定为是"文化和自然双重遗产"。

钱塘江海塘和钱江潮按照世界文化和自然双重遗产这个类型来申遗,在实践操作中也是非常有利的。目前,在所有的世界遗产中,世界文化遗产的数量是大大超过世界自然遗产的,两者的比例已经失衡。世界遗产委员会非常倾向于适度调整这一比例关系,所以目前每年分配给各国的两个申遗名额中,一个必须是自然遗产,一个可以是文化遗产。因此,钱塘江海塘和钱江潮走双重遗产的途径,就比较容易在我国国内上百个申遗预备项目里脱颖而出。

2013 年 10 月住房和城乡建设部公布了更新后的《中国国家自然遗产、自然与文化双遗产预备名录》，仔细对比其中的自然与文化双遗产项目，具有与钱塘江海塘和钱江潮相似实力的项目或许只有以下三个——南京中山陵、黄果树风景名胜区及屯堡文化、贺兰山——西夏王陵风景名胜区。通过充分的理论准备和认真的实践工作，我们相信钱塘江海塘和钱江潮不仅能在将来进入《中国国家自然遗产、自然与文化双遗产预备名录》，更能成功登录《世界遗产名录》。

参考文献：

［1］UNESCO. Preparing World Heritage Nominations［R/OL］.（2011-11-01）［2014-12-14］. http：//whc. unesco. org/en/preparing-world-heritage-nominations/：14-16，56-58.

［2］UNESCO. Intergovernmental Committee for the Protection of the World Cultural and Natural Heritage. Operational Guidelines for the Implementation of the World Heritage Convention［R/OL］.（2011-11-01）［2014-12-14］. http：//whc. unesco. org/en /guidelines.

［3］杭州网. 杭州下一个申遗点在哪里？钱塘江海塘和钱江潮能否联合申遗？［N/OL］.（2014-09-16）［2016-11-11］. http：//hznews. hangzhou. com. cn/chengshi/ content/ 2014-09/16/content_5446635. htm.

［4］杭州网. 市政协召开十届三十九次主席会议协商议政叶明讲话［N/OL］.（2014-09-16）［2016-11-11］. http：//hznews. hangzhou. com. cn/xinzheng/yaolan/content/ 2014-09/16/content_5446597. htm.

［5］李海静，王淼. 钱塘江海塘及涌潮景观申遗研究［J］. 中国水利，2015（4）：61-64.

［6］李宏. 杭州文史论坛聚集钱塘江海塘保护与申遗［N/OL］.（2016-09-22）［2017-03-01］. http：//www. rmzxb. com. cn/c/2016-09-22/1046592. shtml.

［7］骆阳. 钱塘江海塘正走在申遗路上［N/OL］.（2016-09-22）［2017-03-01］. http：//www. qnsb. com/fzepaper/site1/qnsb/html/2016-09/20/content_593775. htm.

［8］人民政协报. 杭州市政协视察钱塘江古海塘——钱塘江古海塘申遗刻

不容缓［N/OL］. （2016-06-06）［2017-03-01］. http：//epaper. rmzxb. com. cn/detail. aspx? id＝ 363045.

［9］ 沈晓文. 2015 年浙江考古重要发现公众分享会成功举办［N/OL］. （2015-12-28）［2017-03-09］. http：//www. zjww. gov. cn/news/2015-12-28/1090959324. shtml.

［10］ 席晓蕊. 钱塘江海塘：自然与人文的完美结合［J］. 中国减灾,2015,4（下）:28-31.

［11］ 徐慧. 钱塘江海塘的古今［J］. 浙江水利科技,2004(1):63-65.

［12］ 周光明,李振玲. 壮观与危机相伴:钱江潮［J］. 中国海事,2007(9):66-68.

网络图片资源:

［1］ BBC NEWS. Dresden "eyesore" Elbe bridge opens after Unesco row ［N/OL］. （2013-08-24）［2017-01-28］. http：//www. bbc. co. uk/news/world-europe-23825738.

［2］ 人民网. 杭州美女坝十九潮水来势凶猛钱江潮似脱缰野马［N/OL］. （2016-09-19）［2017-03-01］. http：//pic. people. com. cn/n1/2016/0919/c1016-28724957. html.

［3］ 浙江在线. 2014 年杭州考古新发现南宋官墓揭亡国之战内幕［N/OL］. （2015-01-22）［2017-03-09］. http：//zjnews. zjol. com. cn/system/2015/01/22/020475668. shtml.

杭州的世界遗产与阐释和宣传

第2章

2.1　研究背景

　　当前的世界遗产保护研究与实践已经不仅仅局限于单纯的世界遗产的本体保护,而是开始日益与当地社会的可持续发展问题相结合,着眼于在更广泛的社会经济背景下考虑世界遗产的问题。联合国教科文组织作为世界遗产保护运动中最权威的国际机构,于 2010 年的纽约千年发展目标峰会中提出将文化遗产保护与可持续发展有效地结合起来(UNESCO PRESS,2010),并且在 2015 年明确提出如何在 2030 年实现七大可持续发展目标(UNESCO,2015)。在这一语境下,世界遗产管理如何作为一种重要的手段促进当地社会和经济的发展成为最重要的议题。

　　在中国,随着世界遗产数量的日益增加,单一的以政府为主导的遗产保护机制开始显得独木难支。在这种形势下,为了实现可持续性的世界遗产保护及其与当地社会的互利共生,遗产保护事业迫切需要吸引和鼓励更多其他的遗产相关利益群体参与其中。通过向公众阐释与宣传世界遗产的价值可以增强公众对遗产的欣赏和价值认同,从而提升公众自觉保护遗产的意识(魏青,2015)。世界遗产的阐释与宣传正日益成为遗产管理工作中十分重要的组成部分。

　　《保护世界文化和自然遗产公约》(以下简称《公约》)早在 1972 年颁布之初就明确指出由于自然遗产和文化遗产不可替代的重要价值,鼓励缔约国在其管辖范围内提交有关世界遗产的价值阐释、展示和推广的政策与计划。世界遗产的宣传应力求卓越,向公众阐释世界遗产价值的重要性,并向其他遗产地宣传保护管理的专业知识。《公约》第 27 条特别指出,缔约国有责任通过教育和宣传活动加强公众对世界遗产的赞赏和尊重(联合国教科文组织,1972)。为了促进《公约》各项具体工作的实施,并为之设置便于操作的相应程序,联合国教科文组织世界遗产委员会制定了《实施〈世界遗产公约〉操作指南》(以下简称《操作指南》)并予以定期更新。其中的"5.i 遗产展示和宣传相关的政策和方案"部分援引《公约》的第 4 条和第 5 条,阐述了文化及自然遗产的展示和传承事宜;鼓励缔约国提供申报遗产的展示和宣传政策及方案信息;指明遗产地要有关于地区介绍和宣传的政策和计划。"通过宣传增强大众对世界遗产的认识、参与和支持"被列入遗产委员会制定的 5C 战略之一。国际古迹遗址理事会于 2008 年通过的《文化遗产地阐释与展示宪章》突出强调文化遗产地的阐释与宣传对遗产保护工作的重要性,并且指出良好到位的遗产阐释与宣传也是当地文化旅游健康发展的重要保障。《宪章》为如何做好遗产地阐释工作提供了一整套的操作术语、专业原则、技术手段和实施方法,成为该领域实践工作的重要指南。

尽管通过一系列的国际公约和宪章,当前的世界遗产政策和理论对遗产的阐释和宣传工作的重视度日益提高,但是在世界遗产保护的实践领域,依然严重存在着"重本体保护,轻阐释宣传"的现象。遗产的阐释和宣传往往被视为遗产保护和管理工作中的最后环节和可有可无的一部分。这种现状对遗产地的可持续性保护和与其所在地区社会经济的良性互动是极为不利的。

本章的研究致力于通过对杭州的世界遗产的案例分析,综述遗产的阐释与宣传工作实践现状,总结经验,分析问题,进而探索如何通过有效的遗产阐释与宣传将世界遗产的普遍价值与其本土价值相结合,从而调动各个利益相关群体参与遗产保护事业的积极性,将遗产地保护与可持续发展目标有机结合起来。也希望通过对阐释和宣传工作的研究,深化对世界遗产管理的认识,改变对遗产的宣传和阐释工作的偏见和轻视,明确该项工作不仅是遗产保护的良性运作的关键环节,而且在促进经济的发展、文化的交流和社会的和谐发展中发挥着重要作用。

2.2 研究对象

世界遗产的阐释和宣传涉及遗产保护的伦理问题,因此有必要首先厘清遗产的保护权和阐释权,即谁拥有保护遗产地和阐释遗产价值的权利。随着遗产内涵的扩展和数量的增长,遗产的利益相关群体也在增加。遗产在传承和发展中,其利益主体和保护主体被逐步群体化和社会化,最后由个人的变成公共的、国家的,甚至国际的(孙华等,2016)。个人、社群、国家和国际的遗产利益群体和保护群体对遗产保护的态度不尽相同,对遗产阐释的角度也有很大差异。各个群体在遗产的生产建构与阐释宣传等遗产保护管理过程中拥有的权利极度不平衡。总体而言,国家政府以及有影响力的国际组织如联合国在遗产的阐释和宣传中拥有更多的话语权。在具体的遗产管理实践中,由于各自不尽相同的社会制度和文化传统,每个国家中个人、社群和政府在遗产保护中的角色和作用也有差异。

因此本章的研究着重探讨国际权威遗产组织和政府中的相关部门对世界遗产地所做的阐释和宣传及其对当地遗产管理政策与实践的影响。本章的研究以世界遗产——西湖文化景观的阐释和宣传活动为研究样本。研究对象主要包括该遗产地所在的杭州市当地政府及其下属的相关职能部门,尤其是直接管理该遗产地的杭州西湖风景名胜区管委会和负责该地区旅游宣传活动的杭州市旅游委员会。杭州西湖风景名胜区管委会是市政府派出机构,代表市政府全面负责对西湖风景名胜区的保护利用和规划建设。在西湖申遗成功后,对世界遗产——西湖文化景观的保护、管理和监测也成为该管委会负责的重要工作之一。管委会负责在其管辖区域内组织与开展西湖世界遗产地的阐释、宣传和教育工作。

杭州市旅游委员会(以下简称市旅委或旅委)是杭州市政府下属的主管旅游工作的政府职能部门,负责杭州旅游市场的规划、监管、开拓和宣传。从 2004 年开始,市旅委积极配合杭州市政府的“旅游国际化”战略,在过去的 12 年中,着力推行整体国际形象的宣传,通过增加杭州在国际舞台的曝光率以提高杭州在国际旅游市场上的认知度并进而带动整个城市的国际化。在这个过程中,市旅委在市政府的支持下打造了针对不同区域市场的杭州旅游宣传片。其中,西湖作为杭州最重要的城市象征,在这些宣传片中得到了大量的展现。尤其是在西湖申遗成功后,作为浙江省第一个世界文化遗产,西湖更是一度占据了旅游宣传的中心位置。此后,虽然宣传的内容陆续增加了大运河(杭州段)、西溪湿地和千岛湖等新晋的世界遗产地和新兴的标志性景点,西湖依然作为杭州最核心的旅游资源和城市名片在这些宣传片中具有举足轻重的作用。在积极对外宣传杭州旅游资源的同时,市旅委也注重提升旅游品质,通过挖掘与融合本源文化,打造和改善旅游软件。印象西湖、宋城千古情、西湖之夜等旅游演出正是为了丰富旅游活动,提升旅游品质,由杭州市政府与地方文化公司联合打造,通过市旅委在国内国际市场上的强力推广宣传成为新的城市旅游品牌。在这些演出中,西湖和西湖文化要素作为核心旅游和文化资源得到再现和阐释。因此,市旅委在展示与宣传西湖遗产地的各项活动中发挥了重大的作用。其负责推广的西湖旅游宣传片和旅游演出作为由经济发展部门主导的对遗产地阐释和宣传的典型案例,值得从学术和实践的角度进行分析和比较。

2.3 案例分析

经过多方实地调研,研究选取了政府部门开展的最具有代表性的西湖遗产地的阐释和宣传活动作为案例。通过对这些案例的分析和讨论,旨在总结当前实践中的经验,发现存在的问题,从而探索更为合理有效的阐释和宣传的范式与方法。具体的分析按照开展相关工作的部门分为以下两类:西湖管委会在其负责的遗产地范围内开展的阐释和宣传工作,以及市旅委推广的以西湖为核心要素的旅游宣传和演出活动。这两大类活动由不同级别和职能的政府部门推动,从不同的角度阐释和展现了西湖遗产地的多元化价值。对以下案例的具体分析将有助于说明关于世界遗产的阐释背后不同的相关利益群体的动机,以及由此对当地遗产的价值认识与保护时间所产生的影响。

2.3.1 遗产管理部门的阐释和宣传

杭州西湖风景名胜区管委会作为遗产地的直接管理部门,全面负责遗产地的各项工作。世界遗产的阐释与宣传工作主要由以下三类部门承担:西湖世界遗产监测与管理中心(以下简称遗产中心)、西湖博物馆和各个下属管理处的文物科。

遗产中心是管委会的直属单位,主要负责西湖文化景观的监测、学术研究和宣传教育工作。通过对遗产中心工作人员的访谈,研究者了解到中心从2012年开始发起一项名为"西湖文化特使"的志愿活动,旨在鼓励青年学生参与西湖世界遗产地的保护和宣传工作,在社会公众中普及遗产知识和进行文化宣传。中心的受访工作人员介绍说:"当前绝大多数的市民游客还是把西湖作为风景区来游玩,缺乏对其作为世界遗产的突出普遍价值的认识。我们希望能够通过这项活动向更多的公众宣传西湖的世界遗产价值。宣传西湖文化的志愿者们定期带领一些市民和游客,以边游览边解说的形式走读西湖遗产地,帮助大家更深入了解西湖的文化。""西湖文化特使"活动每年从在杭高校的学生中选拔招募40位有志参与遗产保护事业的新学员,通过为期一周的集中培训,以专家讲座和实地考察等多种方式帮助新学

员们深入了解西湖作为世界文化景观的丰富文化内涵和遗产保护的专业
知识。

　　在随后的一年里,这些西湖文化特使将自主设计开展各种以宣传西湖
的世界遗产价值为主题的活动。其中比较长期开展的,已经形成一定特色
和规模的活动主要有以下两类:一类是这些志愿者在遗产监测中心老师的
指导下,参与在杭中小学的"世界遗产与西湖"的选修课项目,通过教案设计
和课堂讲授等方式在学军中学、杭州外国语学校和文澜中学等联合国教科
文组织世界遗产培训与研究中心(亚太地区)设立的世界遗产教育基地推广
西湖文化价值,宣传遗产保护理念(图 2-1)。另一类活动则是在西湖遗产地
范围内,志愿者们以"城市漫游"的形式自主设计有主题特色的漫游线路,定
期通过社交平台发布活动信息,召集市民和游客一起循着这些精心设计的
线路,伴随着志愿者的一路讲解,更深入地了解沿路各个遗产点的文化和历
史意义(图 2-2)。

图 2-1　西湖文化特使在文三街小学
开世界遗产选修课(来源:西湖文化特
使微信公众号)

图 2-2　文化特使原地旅行活动
(来源:西湖文化特使微信公众号)

　　为了进一步了解"西湖文化特使"活动的实际开展情况,研究者选择性
地参加了其中的一些活动,例如 2015 年 10 月的西湖文化特使"走读南宋皇
城遗址"和 2016 年世界遗产日的"走读西湖"活动,并从这些活动的现场讲
解中收集了大量的第一手遗产宣传资料。通过归类分析,研究者发现这些

遗产地的走读活动与传统的遗产教育活动相比,有比较突出的优点。首先,此类活动改变以往完全由遗产或文保专业人士主导宣传的形式,开始尝试由非专业的志愿者——西湖文化特使承担活动的策划、组织、讲解和宣传工作。其次,这些活动有别于一般的室内讲座等间接的教育普及方式,采取实地漫游加解说的形式,更有利于调动对遗产地文化有兴趣的市民和游客参与的积极性。此外,这些活动在前期招募和后期宣传时,通过社交媒体平台——微信公众号向更多的人推送信息,有效地扩大了活动在公众中的影响,进一步在更大的群体中传播西湖的世界遗产价值(图 2-3)。

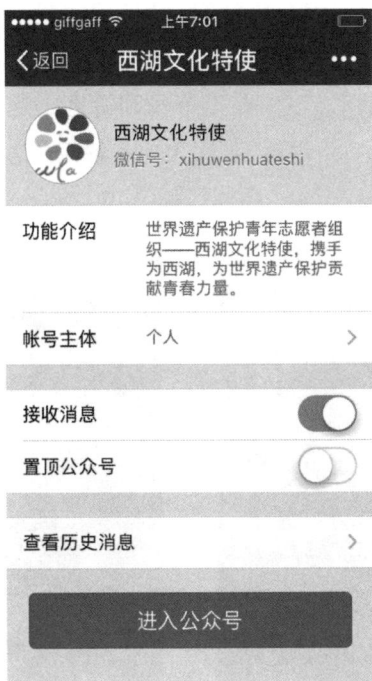

图 2-3 西湖文化特使微信公众号(来源:韩嫣薇拍摄)

但是,这些活动也折射出当前的世界遗产的公共宣传教育方面典型的不足之处。活动的讲解内容局限于各遗产点的历史、美学和纪念物价值,而忽略了与遗产地有紧密关系的本土价值如情感价值与记忆价值等。活动的参与者中缺乏真正的遗产地社区居民。由于活动的选拔标准和范围,绝大多数的参与者是在杭高校的学生,对遗产的了解大多源于书本、影像等第二手知识,缺乏通过在遗产地生产生活而获取的对当地民俗文化和传统生产技艺等第一手资源的积累,因此志愿者的知识结构和志趣爱好往往侧重于与遗产有关的历史人文知识。在此可以引用一位志愿者原话来说明这种倾向。"很多人会以传说文化为噱头去吸引游客,会讲一些神乎其神的奇怪事给游客听,那样就会抹杀真实的历史。……传说就是传说,不是真实的。……我们希望通过比较严谨的考证,还原一个真实可信的历史。"(王涛,2016)这位志愿者将真实的历史和民间逸事传说对立起来,认为只有前者才是遗产的价值所在,而后者的传播会妨碍游客对遗产价值的理解。这是一种"商业化的阐释",会导致很多游客不能看到一个城市真正的最独特的动人之处。这种一味强调遗产单一的历史或人文价值,贬抑其他价值的取向貌似严谨专业,但是在实践中不利于遗产价值在广大民众和游客群体中的传播,也会造成本土价值的丢失。

总体而言,遗产中心的宣传教育实践显示,中心作为当地政府在该领域的唯一官方直属机构,注重的是遗产的非经济价值——教育功能。遗产中心能够立足于世界遗产价值的公共宣传,通过组织西湖文化特使等志愿者活动,开展"世界遗产与西湖"的选修课和"走读西湖"系列遗产宣传活动,向更多的人传递遗产突出的"普遍价值"。在目前景点讲解严重商业化、庸俗化的背景下,遗产中心的这些工作对于促进公众对遗产的欣赏和价值理解,从而推动遗产保护事业的可持续发展具有十分积极的意义。

但是,由于深受"权威遗产话语"的影响,遗产中心对遗产的态度以保护为主,在管理工作中尤其强调对遗产本体的核心价值要素的保护和监测,以科学技术手段保证遗产的真实性和完整性。中心负责人在采访中明确表示,遗产管理工作相较于宣传教育工作,更重要的是对物质形态的保护、文物档案的整理、监测平台的建设,以科学的手段和方法对遗产本体的价值要素开展保护与检测工作是非常重要的。其主要工作是围绕如何通过科学监测的手段保证遗产本体的真实性和完整性,从而达到符合联合国教科文组织世遗中心和《公约》的要求。这一倾向体现在宣传活动中,就表现为对遗产历史、美学和纪念物价值的突出强调和对遗产利用的相关话语缺失。在谈到遗产宣传教育工作时,遗产中心负责人认为,有必要通过体制的建设,建立强有力的保护管理机构,加强机构间的协同合作。在谈到民众的参与问题时,该负责人强调以教育为抓手来提升公众对于遗产价值的认识从而提高民众参与的积极性。可见,遗产中心对教育宣传工作的理解偏向于单向的权威信息输出,对民众的参与更多地定位为接受教育的一方。

　　杭州西湖博物馆是西湖管委会直属的承担遗产地的宣传教育工作的单位之一。始建于2005年的西湖博物馆是为了配合西湖申报世界遗产而建立的。在过去的12年中,通过多次对展陈内容进行调整充实,博物馆成为阐释和宣传西湖的世界遗产核心价值的重要公共场所(图2-4)。通过丰富的史料和实物藏品,结合详细的文字解说,全面展示西湖作为文化景观遗产的完整性和真实性、西湖的突出普遍价值和丰富的历史文化。博物馆的基本陈列包括六个部分:"西湖全景""天开画图""钟灵毓秀""浚治之功""西湖题名景观"和"西湖文化史迹"(表2-1)。

图2-4　西湖博物馆(来源:韩嫣薇拍摄)

表2-1　西湖博物馆展陈内容　(来源:韩嫣薇制作)

展厅	展陈主题	展陈内容	展陈形式
序厅	西湖全景	"三面云山一面城"的城湖格局和"两堤三岛"的景观布局	西湖全景沙盘
第一展厅	天开画图	西湖的地理位置,西湖的形成演变、山水生态和整体格局	杭州长桥溪水生态修复工程场景复原模型 生态树 生物标本 岩石标本
第二展厅	钟灵毓秀	城湖相依共存、西湖与周边居民千年以来良性互动创造的社会文明	西湖周边城区出土的生产生活器具

续　表

展厅	展陈主题	展陈内容	展陈形式
第三展厅	浚治之功	杭州城居民持续开展对西湖的清淤维护和人工改造的历史	道具书联动电子屏 西湖疏浚出水的历代文物
第四展厅	西湖题名景观	"西湖十景"的缘起与传承	西湖景观多点触摸
第五展厅	西湖文化史迹	西湖景观在佛教、儒家思想（忠孝）、道家思想（隐逸）、藏书和文学艺术等方面的人文内涵	1. 场景模型 2. 白蛇传梦幻影院

　　序厅的西湖全景沙盘是展陈的一大亮点（图 2-5）。这是整个遗产地唯一一处以全景模式立体呈现西湖文化景观整体格局的场所，直观展示了该世界遗产地核心价值中的"三面云山一面城"的城湖相依格局和"两堤三岛"的整体景观特征。其他各展厅的展陈内容也紧密围绕西湖作为世界遗产的其余四大核心价值展开。

图 2-5　西湖全景沙盘（来源：韩嫣薇拍摄）

　　博物馆通过不断创新展陈形式，吸收、采用最新的展示手段和技术，及时增加更富有时代特色的内容，配备中英双语的语音讲解器，成为西湖遗产地保护区乃至整个杭州市向国内外的来访者展示西湖独特的山水景观组合和丰富的历史文化遗存的最重要的场所(图 2-6),被游客评为游览西湖的导览中心、必到之处和最佳起始点。同时西湖博物馆也是省级爱国主义教育基地,是省内中小学开展第二课堂的主要场所之一。为了更好地开展青少年教育,向少年儿童提供更有针对性的展示和介绍,博物馆增设了儿童展厅,并且陆续推出了"寻宝探珍""童画西湖""走近西湖"等更具参与性与互动性的活动(蓝来富,2016)。

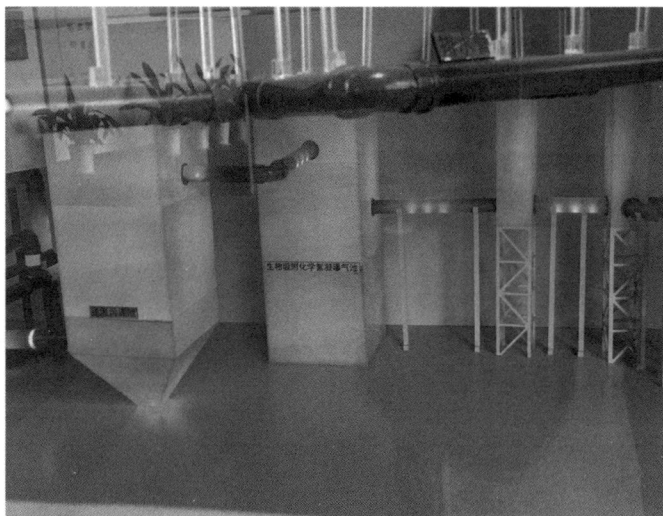

图 2-6　长桥溪水生态修复工程场景复原模型(来源:韩嫣薇拍摄)

　　西湖博物馆作为一座为申遗而建立,以传递西湖的世界遗产价值为目标,开展宣传教育工作的遗产地主题博物馆,集中体现了西湖管委会在展示并保护遗产的完整性、通过教育宣传提升公众意识的努力和效果。但是参照 2016 年世界遗产地与博物馆国际会议提出的最新要求,博物馆除了作为世界遗产突出普遍价值的传递者和遗产完整性的保卫者,也可以承担起多元文化价值冲突调解者的角色,并在当地社区发挥更重要的作用。而反观西湖博物馆对遗产的阐释和宣传,还是从文化输出的角度,单向地传递遗产价值信息。遗产专业人士凭借在历史、考古、建筑或艺术方面的专业知识,扮演着重要的角色。虽然遗产的公共教育事业也离不开专家,但是如果专家团仅仅把"大众参与"的需求看作简单的自上而下的教育,那么这样的遗产宣传是难以真正吸引参观者的。从西湖博物馆的游客访问量与西湖遗产地的游客数量的对比中可以明显看出博物馆对公众的吸引力不足的问题。

更何况其中不少还是参加第二课堂活动的学生或教育团体,往往是被学校要求参观而非自愿来访。

　　总而言之,西湖管委会作为在地遗产管理机构,在其管辖的遗产地所开展的遗产宣传和阐释活动主要基于联合国教科文组织的遗产理念,遵循权威的遗产话语对遗产价值的解读,注重宣传遗产物质本体的历史、审美和纪念物的价值。管委会希望通过在民众中普及对这些遗产价值的认识和理解,发挥遗产地的教育功能和政治功能,从而实现如文化认同、国家统一与社会和谐等非经济价值,但是这种单行价值输出的模式在发挥非专业性的公众的主体作用和团结吸引遗产地原住民的兴趣和支持方面尚存在明显不足。

2.3.2　旅游宣传部门的阐释和利用

　　如果说西湖管委会的宣传侧重于突出强调保护优先的遗产话语,杭州市旅委推动的世界遗产的旅游宣传和相关旅游文化产品则充分体现了地方政府中另一种主流的思想,即如何通过开发利用世界遗产促进当地的经济发展。相较于前者的保护思想,后者的工作重点在于追求遗产的经济价值,主要思路是通过将遗产与旅游业相结合,打开国际市场,以推进旅游产业的发展,从而促进当地经济的发展。研究将结合具体的案例——旅游宣传片《我们的杭州故事》和实景化山水表演《印象西湖》,分析强势的经济话语如何通过一些具体的宣传形式将世界遗产转化为商业资源并最终被包装为可供消费的旅游文化产品。在此基础上,研究者还将与基于遗产保护话语的宣传相比较,分析两者的矛盾与冲突及其对遗产政策和管理产生的影响。

　　正如前文所提到的,为了提升城市形象,塑造和推动旅游产业国际化,杭州市旅委针对不同的海外市场发布了不同主题和风格的城市宣传片。这些宣传片通过展现城市的各种标志性景观和文化元素,在全球范围内塑造和传播杭州作为国际旅游城市、历史文化名城和山水园林城市等的形象。在这些宣传片构建的城市形象中,西湖作为杭州景观资源和文化资源的核心要素,被转化为最主要的影像资源,用以引导和塑造受众对这个城市的理解和想象。杭州市旅委作为旅游生产经营者中的官方代表主导着相关旅游话语的构建,并不断通过更新这套旅游话语强化旅游者对杭州和西湖的形象认知。

下文将以与美国有线电视新闻网（CNN）合作的一分钟宣传短片《我们的杭州故事》为案例，分析旅游话语如何塑造和引导旅游者对杭州和西湖的形象认知，并进一步探讨这种形象塑造又将对该世界遗产的保护和管理政策产生什么样的影响。

短片以一户美国家庭在杭州的一日游为叙事主线，循着一家三口的游览行程，短片通过镜头的切换，将湖（西湖）光塔（雷峰塔）影、手划船、西湖船娘、清河坊历史街区的古建筑、地方小吃、楼外楼的特色杭州名菜、手工刺绣的中国红旗袍、印象西湖表演等具体形象依次呈现。这些具体的形象通过影视图像转化为分别代表行、游、住、食、购的旅游五大元素（表 2-2）。旅游宣传片透过各种形式的拼贴（pastiche），将这些以西湖的景观和杭州市井文化为要素的片段以时间为线索串联起来，组成突出其休闲之都、历史名城主题意义的一系列画面影像。

表 2-2 《我们的杭州故事》中的主题元素（来源：韩嫣薇制作）

主题	画面	元素	占用时长（秒）
游	西湖、雷峰塔、清河坊历史街区	自然山水、人文古迹	8
行	手划船、自行车	休闲生活	5
食	本地小吃、楼外楼名菜	特色饮食	2
购	旗袍	本地特产（丝绸）	6
赏	"印象西湖"实景演出	民间传说	5
宣传主题	Unseen Beauty, Hangzhou West Lake, UNESCO World Heritage Site	城市宣传口号和世界遗产	5

从表 2-2 中我们看到，整部宣传片时长 31 秒，除了片尾的 5 秒钟宣传广告语，各个主题的占用时间比较平均，大多在 5—8 秒之间。但是，进一步分析这些活动的场所，就会发现基本在西湖遗产地范围内（15 秒），此外是紧邻西湖的河坊街（4 秒）和旗袍店（6 秒）。虽然在片尾的广告宣传语中强调了西湖的世界遗产的地位，但是关于西湖的影像并没有突出展示其作为世界遗产地的核心价值，而是以一种"主题乐园"形式展示在观众面前，自然、文化、民俗、饮食、服装，甚至世界遗产地属性都通过影视语言转换成商业符

号,向具有潜在意向的游客暗示这些都是可供他们消费的旅游产品(图 2-7)。

图 2-7　宣传片中的文化元素与商业符号(来源:《我们的杭州故事》宣传片)

　　相比语言文字,在跨文化的交流中,影像具有更大的优势,因为"受众容易把通过自己双眼直接看到的影像当作客观真实来理解,而忽略了隐藏在镜头后的拍摄者的主观解释和客观现实的本来面貌"(赵志伟,2010),但是,影像展示的方式同时也使"审美体验让位于感官享乐,间接性让位于直接性,立体的综合丰富性让位于平面的一览无余,意义的多极化让位于商业娱乐的单极化,精英性让位于大众性,崇高性让位于世俗性,语言让位于图像"(张邦卫,2006)。因此,这种宣传形式也造成了城市(尤其是文化遗产地)形象的碎片化和娱乐化的问题。

　　虽然这部宣传片展示的是杭州的城市风貌和文化特性,但是作为一张跨文化交流的视觉名片,宣传片也担负了构建、传播国家形象的重任。宣传片中的木塔、平湖、画舫、古民居、旗袍、中国红等文化元素不仅代表着地方文化,也是凝结着国家历史文化精髓的象征性符号。虽然这些文化元素与西湖遗产地的文化价值一起代表的是历史的沉淀和积累,但是通过宣传画面展示的这些历史文化元素和现代社会的和谐交融则是一个国家现代精神的体现。对世界遗产和相关文化元素的保护和宣传,向世界展现的不仅仅是一个国家的历史和过去,更是这个国家对待自己的文化历史的态度。因此,城市旅游宣传片的功能不仅在于扩大城市的国际影响力,而且也是在世界舞台上树立国家形象,进行文化价值观输出的重要平台。因此,政府和旅游宣传部门在生产和发布这些宣传片时,不仅要从经济价值的角度考虑如何通过其对旅游地形象的建构从而吸引更多的国际游客前来旅游消费,也要有意识地考虑到这种宣传方式对国家在文化和政治形象塑造方面的影响。一味地强调旅游消费等经济价值将对城市和国家形象在国际社会中潜在的、长远的竞争力造成负面的影响。

除了旅游宣传片,为了提升杭州的旅游软件,丰富夜游项目,延长游客的逗留时间,市政府联合浙江广电集团和凯恩资产有限公司一起出资组建了"印象西湖文化发展有限公司",邀请张艺谋团队创作,打造出《印象西湖》大型山水实景演出。杭州市旅委从2008年开始将这场实景演出作为"杭州旅游第一品牌"在各个国内外旅游产品推介会上积极推广。

依据官网介绍,该演出是以"西湖浓厚的历史人文和秀丽的自然风光为创作源泉,深入挖掘杭州的古老民间传说、神话,将西湖人文历史的代表性元素得以重现,同时借助高科技手法再造'西湖雨',从一个侧面反映雨中西湖和西湖之雨的自然神韵"(印象西湖官网,2015)。这段介绍说明创作团队的立意是把西湖文化元素用艺术形式予以再现,使之成为可观赏、聆听和感受的文化旅游项目。这种初衷是非常正确美好的,既有利于遗产地非物质形态文化元素的宣传和推广,同时也赋予它们新时代的意义,实现其经济价值,有利于文化活态的可持续的传承。

通过观看表演,研究者认为官网的介绍基本符合实际。表演选取符合西湖文化特征和原题材主旨的"浪漫爱情"为主题;内容讲述的是由白鹤化身而成的青年书生与女子的唯美邂逅与无奈分离,通过"相见""相爱""离别""追忆"和"印象"五幕剧情来展现;形式上,表演大量运用灯光、影音等现代技术手段来展现雨中的西湖唯美景象,同时创意性地利用西湖独具特色的山水实景,创造出"以天为幕、以山为景、以湖为台""水、光、乐三者完美融合"的西湖实景演出(图 2-8)。总体而言,"印象西湖"以杭州西湖当地的民间传说为文化要素,以及高科技手段带来的现场视听体验,为旅游地塑造文化品牌形象、创造经济效益带来了新的可能。

从感官审美、旅游体验和经济效益的角度来评价"西湖印象",它是非常成功的。但是从文化遗产,尤其是民间传说等非物质文化遗产的开发利用

图 2-8　印象西湖海报（来源：美团网）

的角度来看，情况就比较复杂了。对于像"白蛇传"这样在中国家喻户晓，有着广泛群众基础的民间传说，《印象西湖》的创作和改编对其中核心要素的传承具有很大的破坏性。作为中国的四大民间传说之一——"白蛇传"于2006年被列入首批国家级非物质文化遗产名录。在西湖的世界遗产申遗文本中，它与"梁山伯与祝英台"等西湖民间传说和西湖诗词文学、美术作品一起，是西湖具有世界文化遗产的关联价值的重要依据。它是老百姓在漫长的历史中通过口耳相传的方式集体创作的民间口头艺术品。演变过程中，它的发展也融合了不同时期的作家、艺人和宗教人士的影响，与相似题材的文学作品、戏剧、歌曲、影视等相互交融、渗透，演化成具有长期经典魅力的民间口头艺术。正如镇江市民间文艺家协会主席康新民指出的，民间文学的流动性是其不断创新保持活力，并因而传承至今的重要特性。他在"中国传说——2011海峡两岸白蛇传文化研讨系列活动"中具体阐释了这种流动演变的特性，从"白蛇传"传说形成的过程来看，人物形象和故事情节都随着时代的发展而变化，从最初的人妖不能共处的《白蛇记》，到后来突出表现白娘子不畏强权、追求自由和爱情的《雷峰塔传奇》，逐步增加的情节和细节的刻画都使人物形象更加丰满，传说的艺术价值提升到了新的高度（康新民，2011）。可见对非物质文化遗产的保护必须遵循其流动性和与时俱进的创造性，进行活态性的保护。但是在结合具体的时代特征和民众需求对民间传说进行创新改变的过程中,也有必要注重其核心文化要素的传承。

那么"印象西湖"的演出是否遵循了合理传承利用非物质文化的要求,并对其有效传播和长期传承发挥了积极影响呢?我们不妨通过对其演出内容、形式和效果的分析,探讨这种新型的现代化的展现方式对遗产地非物质形态文化的宣传效果和影响。

首先,从演出本身的内容来看,虽然"印象西湖"的创作基于对"白蛇传"的改编,演出依然以"爱情"为主旨和卖点,但是对基本叙述结构做了巨大的变动。在人物形象上,人物保留了男女主人公的基本原型,但是抽象表现为青年书生和女子,这在极大程度上弱化了主人公尤其是白娘子的形象,原故事中的其他人物如青蛇、法海等和重要情节都没有出现。其结果是作品展现的内容与原本的故事相去甚远,原生态的文化要素在减少。虽然,作为一种非物质形态的文化要素,白娘子和许仙的形象在不同的时代背景和社会环境中,从最初的民间传说到戏曲表演、流行小说、影视剧作,曾不断被建构并赋予新的意义。但是这些建构与阐释并没有破坏人物和情节叙事的核心价值,如对自由与爱情的追求、对爱人的忠贞不移和对不公平规则的反抗。但是"印象西湖"中的男女主人公的形象被泛化为没有身份识别度的、在西湖相遇邂逅并坠入爱河的青年男女,这样的重构和变迁削弱了人物的表现力和其代表的象征意义,并最终成为表征西湖"旅游形象的资本性符号"(孙九霞、王学基,2016)。原故事的核心价值也是最能打动人心的,是对美好人性的执着追求和对不公平暴力的不懈反抗,被消解成了现代社会中产阶级对爱情肤浅无力的庸俗化解读:无处不在的偶遇,毫无缘由的别离以及惆怅而空泛的怀念。

"印象西湖"的演出在减弱对传统的白蛇传故事情节的叙述的同时,转而通过景观化的手段将西湖的文化元素抽象提取、转化后再糅合,塑造成符合当代中产阶级审美的梦幻景观。以张艺谋为首的创作团队从故事发生的主要场景——西湖的物质和非物质文化遗产如"西湖十景"、民间传说、诗词歌赋中提取出核心文化要素如"桥"("白蛇传传说""梁山伯与祝英台""苏小小传奇")、"雨"("白蛇传传说")、"动物幻化人形"("白蛇传传说""梁山伯与祝英台")、"白鹤"("梅妻鹤子")、"莲叶"(曲院风荷,《晓出净慈寺送林子方》)和"红鲤鱼"(花港观鱼、鱼水之欢)等(表2-3),然后将这些文化要素转化成可以重新组合的文化符号,再糅合在一起:在西湖水域上,以玉带桥为背景,再加上色彩鲜明的各种文化意象,期望将西湖的自然景观和人文元素重构再现。但是由于整个表演弱化了叙事结构导致其沦为缺乏主线的大杂烩式的呈现,虽然聚集了众多的象征性符号,但是缺乏西湖文化的真正神韵和感染观众的力量。尽管表演的景观营造处处暗示文化特征,但是由于这些元素脱离了原来的文化语境,除了非常熟悉这些文化符号指代意义的当地观众,对于大多数来自其他地区的游客来说,很难真正体会到其中的文化含义,进而对所指对象产生有效联想,对于缺乏相关文化背景的国际游客来说更是不知所云。

表 2-3　印象西湖文化符号与西湖景观元素对照表(来源:韩嫣薇制作;图片:来自网络)

印象西湖演出	西湖实景

调查数据显示,在文化传播上,这一实景演出的效果与最初的设想及关注点并不匹配。观众对其中的文化内容认知度处于较低水平。大多数实地观看过的游客只对其绚丽的舞美灯光感兴趣,看不懂演出的文化内容。大多数缺乏相关文化背景知识也没有"精英"艺术审美水平的游客难以将片段化的写意性的文化符号联结起来构建出可以理解的主题和意义。网络上的观众反馈评价也反映了类似的问题。很多观众在观看演出后表示对现代灯光舞美制造的现场视觉效果印象深刻,但是他们认为这样的演出"花样越来越多,内涵却越来越少"。湖南省临湘市前副市长姜宗福在观看了一系列的"印象西湖"演出后,在一则名为《张艺谋不是救世主,不要盲目造"印象"》的帖文中批评这些"超大规模投资、表现手法老套、一哄而上的印象派山水实景演出"从形式到内容大同小异,显然反映出"谋"驴技穷。凤凰卫视主持人何东也评论:"印象系列就是团体操,没有丝毫人文精神和文化底蕴。"(新华网,2010)这样过于商业化的旅游演艺产品重表现形式而轻文化,重实质经济效益而轻文化传承,将遗产地的核心文化价值转换为廉价的消费符号,虽然实现了短期的经济效益,但是对长期的文化传承和建立优质的旅游品牌都有负面影响。

当初市政府和旅游项目开发主体希望通过打造"印象西湖"演出,向游客提供"根据杭州国际风景旅游城市定位,依托西湖,在全国甚至全世界都具有震撼力的艺术和旅游产品",从而提升杭州旅游的软实力。但是,观众的反馈显示,实际效果与当初的动机相去甚远。遗产地实景演出作为大众旅游向人文旅游、文化旅游转型的文化创意产品,其核心竞争力在于通过现代科技手段,将具有当地特色的自然山水和文化元素有选择地转换成具有时代感的新型视觉美学元素,以艺术化再创造的方式表征旅游地形象,完成其对旅游地形象的建构。实地和网络的调查都说明观众对演出中展现的独具地域特色的文化元素具有明显偏好,而不仅仅是实景演出的形式、主创和演员的知名度,或者舞美灯光效果等。因此,遗产地的实景演艺产品只有以遗产地的文化要素为根基,注重展现文化符号的内涵,并且进行演出模式的创新,才能成为当地文化/非物质形态的文化要素的有效传播载体,丰富文化传播的形态,拓展文化遗产对外传播的渠道。

地方政府在与旅游文化公司合作开发创新性旅游演艺产品的过程中,有责任把握文化传承与发展旅游经济的平衡点,通过这一文化传播的载体凸显文化遗产的商业价值的同时,也要注重发挥其遗产活化的功能,从而优化和升级旅游产品结构,真正推动当地文化创意产业和文化旅游经济的可持续发展。

通过以上对西湖世界遗产地的案例分析,研究发现,目前遗产的阐释和宣传主要由政府相关职能部门主导实行。这在很大程度上忽视甚至压制了其他遗产的利益群体在遗产的价值阐释和宣传中发挥更积极的作用。同时,政府中的不同职能部门,如致力于遗产保护的西湖管委会和注重遗产开发利用的市旅委,也存在着各自为政,缺乏沟通协作的问题。在遗产保护部门的理解中,西湖世界文化景观最基本的价值在于其审美价值(景观)和历史价值(文化),其物质遗产的价值主要体现在园林风景、文物、纪念建筑和场所,而非物质形态的价值体现在具有关联性价值的文学作品,对遗产的这种理解仍然是基于联合国教科文组织 20 世纪的遗产理念,注重遗产的教育功能等非经济价值,随着遗产概念的不断发展,已不适应遗产保护与利用。这样的理解也限制了管委会对自己职能的定位,导致其在遗产利用的话语中的缺席。而同时市旅委以追求经济效益为目标,将世界遗产的价值片面理解为具有国际市场影响力的商业标签,这种理解导致在利用世界遗产作为旅游资源向国内外游客宣传中片面的商业化的解构和遗产价值的重组,将其包装为可供消费的产品,损害了世界遗产的无形价值。

片面地强调保护遗产的原真性和完整性,而对遗产利用活动进行不同程度的限制,忽视遗产在当代社会的现实功能,不利于遗产保护话语与公众需求的结合,也无法真正实现遗产的政治与教育功能。但是片面地理解和利用世界遗产的商业价值,在对遗产本体价值缺乏认识的前提下,将世界遗产的形象转换为普通的商业消费符号向潜在的消费者展示,是在廉价地消费这一不可再生的宝贵资源,也不利于当地旅游产业的可持续发展。管委会的遗产阐释话语与市旅委的市场宣传话语之间的格格不入和矛盾冲突凸显出遗产在保护和利用中的深层次矛盾,因此,迫切需要通过对其中问题的分析,探讨如何更新遗产保护意识,制订切合实际的遗产阐释和宣传目标,设计在地化的方法与途径,从而促进遗产保护与利用的协调发展。

2.4　问题和矛盾

一、管理理念上落后于世界遗产事业的发展,没有与时俱进。从目前的遗产宣传实践来看,不论是侧重于遗产本体价值的保护部门还是注重其经济效益的旅游部门,在遗产管理和利用的理念上,都存在着忽视真正面向公众的合理有效的遗产价值的宣传和利用问题。遗产管理部门的管理理念依然受到联合国教科文组织 20 世纪的遗产理念的影响,在管理中强调本征价值的保护。因此保护工作中,遗产阐释与展示往往被视为专业研究—价值认定—物质形态保护—遗产展示这一流程的最后一个环节(魏青 2015),甚至受到不同程度的忽视。但是在下一个阶段的遗产可持续性保护进程中,遗产展示与阐释可以提升遗产地民众的遗产保护意识,推动社会公众参与支持遗产保护,从而实现遗产保护的良性循环发展。因此良性发展中承上启下的关键性工作起点,是世界遗产地保护管理工作的重要组成部分。

而且遗产保护部门的宣传一味强调世界遗产的教育功能和政治功能,旨在通过遗产宣传构建文化认同、加强民族团结、维护社会稳定。然而这种过于强调遗产非经济价值的宣传有意回避了对遗产本体价值转换为经济消费价值的探讨,直接导致遗产管理部门在将遗产作为旅游产品向消费者进行价值阐释和宣传中缺席,不利于遗产价值面向更大的群体的传播。这种遗产价值传递在旅游消费过程中的话语缺失,为旅游管理部门的具体操作留下较大的想象空间,反而导致了遗产阐释不当,彼此间互相矛盾。当务之急是增强对遗产利用的研究,明确遗产利用的方法、途径与目标,才能更有效地促进遗产保护与利用的协调发展。

二、管理机制上缺乏部门间的协同合作。遗产保护部门与旅游开发部门从各自的利益角度出发,在对遗产的阐释和宣传上各自为政。遗产保护部门的宣传主要强调对遗产本体的保护,而旅游开发部门主要强调通过开发利用遗产资源最大化地实现其经济价值。

由于长期的行政壁垒,政府部门之间习惯于各人自扫门前雪,只负责完成各自的工作,相互间缺乏沟通与协作。在访谈中,研究者了解到,管委会的负责人是这样描述两个部门的职能分工的:"旅委负责招揽游客,我们就负责打扫庭院做好接待工作"。这句话貌似客观地讲述两个部门在遗产旅游产业上的分工合作,但其实说明了两个部门的利益冲突。旅委的工作是吸引更多的游客从而提高旅游产业的经济效益,而管委会的工作是对遗产地的日常维护和管理。因此,巨大的客流量对遗产地的管理工作来说是巨大的挑战。而且,旅委出于实现经济价值的目的,在对旅游目的地的宣传中向消费者突出强调的是该地区的旅游价值,包括行、游、住、食、购等旅游五大要素。因此对游览的目的地的展示只是旅游宣传片的一部分内容,突出强调的也仅仅是视觉上的审美价值和文化符号的意义。各种关于吃喝玩乐等其他旅游体验的画面展示稀释了对世界遗产价值的展示,给观众留下的往往是一个主题乐园的形象。

三、宣传的内容和表现形式过于学术化和专业化,不利于"非专业"群体的参与。遗产管理部门作为主导的遗产宣传力量,在很大程度上受国际权威遗产话语的影响,因此选取的宣传内容大多来源于遗产地的申遗文本中对于核心价值的阐释部分,大量使用"普遍价值""完整性""原真性"等专业术语来描述遗产价值。这直接导致遗产宣传过于理论化与专业化,与当地民众的利益与关注点相脱节,背离了为遗产保护巩固民众基础的初衷。尽管这些术语在学术研究和向遗产专家阐述遗产价值的文本中非常重要,但是一般参观的民众对这些并没有强烈的兴趣。专业术语反而会将该遗产与其他利益相关群体,尤其是当地居民隔绝开来,排除在阐释的主体和受众之外。这些专业信息需要转化为更适宜面向非专业的公众群体的展示内容。

此外,大多数生活在遗产地周边的当地社区民众对遗产的理解也和专业人士的认识大不相同。世界遗产地既有属于公众的普遍价值,也有属于地方甚至个人的价值。遗产管理部门的宣传将世界遗产的意义局限于审美、历史和纪念性价值。但是对于某个遗产地的居民来说,遗产的意义不在于建筑或景观的艺术或历史价值,因为它承载着与他们的实际生活有关的记忆。但是这些对当地人来说非常重要且密切相关的价值意义并没有得到恰当的阐释和宣传。这也是为什么当下的遗产宣传脱离大众,无法吸引遗产地的社区民众的主要原因之一。

2.5　建议措施

一、通过学习和培训有效更新管理者遗产保护与管理的理念。《公约》指出,由于世界遗产地的当地保护管理者未在遗产的阐释和展示方面受过专业训练,因此这项工作对当地管理者来说往往是一个特别的挑战。遗产管理部门和相关产业的运营部门的管理者都需要通过进一步学习,明确世界遗产保护在推动地区可持续性发展中的重要作用,而其中遗产的阐释与宣传是实现遗产保护事业良性循环的关键环节。管理者有必要认识到遗产阐释与展示能激发人们对世界遗产价值的欣赏，促进理解，提高对遗产保护必要性的意识，从而确保子孙后代能了解这一遗产的价值，并提高这些利益相关者对遗产保护和解说过程的参与程度。因此，有必要明确阐释与宣传在遗产保护事业中发挥的承上启下的衔接作用。这项工作既可以持续有效地普及深化公众对遗产的理解认知，是上一个阶段的保护工作的成果展示，同时也有利于推进公众的支持与参与，是下一轮遗产保护工作开展的起点，因此遗产的阐释与宣传绝不是保护工作中可以被任意忽略的最后步骤，而是应该被纳入遗产保护的整体工作机制中去，使其发挥推动遗产地可持续发展和良性循环的积极作用。

二、建立专业规范的遗产阐释与宣传工作流程。为了确保阐释与宣传工作的顺利开展，有必要建立一套完整的工作流程。虽然世界遗产地在申遗的提名文件中向国际遗产专家阐述了遗产地的突出普遍价值，但是其表述往往和学术文章相似。虽然解说和展示遗产的突出普遍性价值仍然是遗产解说教育工作的基本出发点，但是在面向当地公众和游客时，解说和展示突出普遍价值并不是照搬申遗文本中的相关材料那么简单。专业规范的遗产阐释和宣传工作需要遵循弗里曼·蒂尔登的《解读我们的世界遗产》(世界遗产解读的经典读本)和国际古迹遗址理事会通过的《Ename 宪章》中提出的遗产地的解释和演示工作原则；依据《世界遗产公约操作指南》中的相关要求制订向公众阐释的该遗产地突出普遍价值的宣传教育计划；然后在物质形态保护工作的基础上，提炼遗产价值，提升解释材料，通过灵活多元的方式将专业信息转化为适合向公众展示的形式；最后还应该设置评估和反馈机制，邀请游客、有关社区的成员以及遗产专业人员对阐释方案给遗产保护带来的影响进行监测和评估，并基于遗产专业人士的学术分析和公众意见，进一步修改宣传方案，从而持续改善阐释与宣传的效果。

三、培养专业稳定的遗产宣传队伍，建立科学有效的绩效考核评价制度。传递世界遗产的价值观是一项专业的工作，这种工作应该具有专业的标准。发展和执行的关于遗产的阐释与宣传方案应该从最初的遗产保护项目启动阶段就列为规划和保护管理的一个有机组成部分。因此，遗产地管理部门有必要建立专业负责遗产阐释与宣传的团队，加强团队建设。工作人员当中应该有称职的讲解人员，使用公认的权威信息来源，向公众(游客和当地居民)解释遗产及其价值。就其过程而言,展示主要是一个单向的沟通过程。

除了专业的现场解说人员,也有必要积极发展志愿者团队。目前遗产地范围内的志愿者活动主要由西湖管委会的团委组织,参与人员以老年人为主,也包括一部分青年学生和市民家庭。活动内容也大多数围绕为景区的游客提供旅游信息、茶水点心等服务为主,尚未建立起长期提供遗产讲解的志愿者团队。虽然西湖博物馆会偶尔组织小小讲解员等相关的志愿者活动,但是基本是一次性的体验活动,不利于志愿讲解员的培养和此类活动的长期开展。

在现有的讲解和宣传的基础上,增加更多有利于群众参与的双向互动的活动,提高公众参与的积极性,真正有效实现通过遗产的阐释与宣传增加公众对遗产地的了解和增强他们的保护意识等目的。这些活动可以包括公众讲座、非正式的教育项目、社区活动、现场活动等。

四、推动多方参与遗产阐释与宣传,持续更新发展阐释与宣传的内容、技术和渠道。在肯定"政府主导,民众参与"的政策的基础上,应该明确当地社区在遗产的阐释和传播中的主体地位,制定有利于鼓励社区民众参与的管理制度和实施相关措施。尽管目前大部分的遗产宣传内容将重点放在了游客身上,但是在世界遗产地内开展宣传教育活动通常离不开当地社区的参与。世界遗产地的宣传活动能够激发当地人的文化自豪感和区域归属感。通过组织多种形式的非正式性的遗产教育宣传活动,确保所有利益相关者(包括妇女、老人和青少年等社区内不同性别及不同年龄段的居民)都充分意识到世界遗产地的重要性。"世界遗产志愿者倡议"就是一个特别有效的让当地的居民接触这些遗产地的志愿者活动。参加这个志愿者计划中的"遗产工作营"项目的青年志愿者来自世界各地,他们聚集起来,在一段时间内与某个世界遗产地的当地居民一起生活和工作。在这个过程中,志愿者通过非正式的遗产宣传和教育活动帮助当地人了解到这个遗产地作为世界遗产的价值,帮助他们形成和树立保护遗产的共识和目标。总而言之,遗产解说活动应该是面向当地社区的所有阶层的居民,通过多种教育、培训和能力培养活动,实现遗产地民众的参与,推动当地可持续的经济、社会和文化的发展。

当地居民不仅是遗产的解说与宣传活动的主要观众,也应该是制订这类活动教育宣传方案的参与者。世界遗产教育应当被视为一个双向的交流，沟通遗产地管理人员和在当地生产生活的居民。当地群众和遗产地管理人员之间应建立起双向的学习过程。作为遗产地的当地利益相关者，当地居民掌握着与遗产地价值相关的非物质性的文化资源，如当地的常识、文化传统和生产技能等。在许多情况下，这些传统知识和技能是以世代口耳相传的方式在传统社群中传承。这些本地知识往往通过故事、传说、习俗、仪式、歌曲或舞蹈等形式表达出来。在制订遗产宣传方案的过程中，需要通过本地人的参与，将遗产地的历史、传统利用方式和文化习俗作为这个遗产地的独特价值的一部分，以当地居民的理解和表达方式，阐释并讲解给旅游者和参观者，并且把这部分遗产地的价值传递给年轻一代。

五、整合部门资源，打破行政壁垒，建立部门间长期的有效的合作机制。在政府中设立统筹联络办公室，专项负责关于遗产地管理的各部门间的沟通和资源整合。在遗产地的讲解和宣传方面，可以尝试整合社会资源，跨越行政部门壁垒，成立导游和讲解员协会，以利于培养和训练对西湖世界遗产地和周边地区的自然、历史、文化进行解说的优秀人才。不论是遗产管理部门还是旅游经济发展部门，都应该努力更新遗产管理观念，突破自身局限，参与到与彼此相关的宣传和教育工作中去。遗产管理方可以发挥专业优势为旅游运营者提供关于遗产知识的讲座和培训，同时旅游宣传部门在独具媒体平台优势的情况下，如能在宣传片的内容制作上更多地听取遗产专业人士的意见和建议，也能够有效提高宣传片的专业性和市场影响力。

除了公众教育，还有必要整合正规教育机构中的师资和学术资源作为世界遗产宣教活动的核心组成部分。通过与教育机构的合作，与教师和培训人员一起探索如何把遗产普及课程创造性地放入教学体制中。可以通过遗产管理部门和当地学校合作建立工作室或学习基地等形式，一起开发现有的针对性的教学材料，分享优秀的实践经验，从而将世界遗产的价值向利益相关者进行更大范围的传播。

2.6 结语

从遗产的阐释和宣传活动的本质而言，这是一个选择、解释、建构与阐释遗产价值的复杂的动态的过程。遗产的利益相关者在这一活动中发挥的作用是由权力关系决定的。政府作为遗产认定、选择、保护的执行机构，在权力话语体系中起着主导的作用。但是在政府内部各个职能部门之间也由于各自的利益以及对遗产价值的不同理解，在对遗产的阐释和宣传活动中暴露出各种矛盾和认识分歧。如何跨部门地沟通，促进彼此达成共识，从而协调处理好遗产保护与利用的关系是未来需要努力的方向。

遗产地的文化阐释不应仅仅是单一的遗产地管理部门的权威阐释。单一的遗产地价值的阐释不利于遗产地文化价值的多元化挖掘和利用，不利于推进可持续的公众参与的文化遗产保护事业。当地社区居民作为遗产地的最密切的利益相关者有意愿也有能力从他们的角度展示宣传遗产地文化。鼓励多元化的文化遗产的宣传与教育及为政府与社区居民提供有效的对话和交流的平台，有利于提升社区居民对遗产价值的认同感与参与遗产保护的责任感，同时也有利于提升社区居民参与旅游经营活动的能力，实现当地经济和社会的可持续发展。

同时，多元化的世界遗产地的价值阐释能够实现真正有效的跨文化交流。随着中国经济实力的提升和经济转型的要求，中央政府一再提出要重视文化软实力的发展，要进一步增强中华文化在国际社会的影响力。世界遗产地不仅是能够吸引更多国际游客的金字招牌，而且也是最合适的跨文化交流的场所。每一个世界遗产地的申遗文本都是有效地实现了跨文化交流的成果。但是如何将这样一个跨文化交流的成果转化成能够为游客大众所接受的讲解叙述，是实现国际游客与遗产地文化有效交流的关键。通过跨部门的合作，提升遗产地的导览说明和导游讲解，可以实现深度的跨文化交流，从而实现对世界遗产地的突出普遍价值的最广泛宣传。

参考文献：

[1] UNESCO. UNESCO and Sustainable Development Goals [R/OL]. (2015-09-16) [2016-11-13]. http://en. unesco. org/sdgs.

[2] UNESCO. Intergovernmental Committee for the Protection of the World Cultural and Natural Heritage. Operational Guidelines for the Implementation of the World Heritage Convention [R/OL]. (2011-11-01) [2014-12-14]. http://whc. unesco. org/en /guidelines.

[3] UNESCOPRESS. Culture a driver for development and the

achievement of the eight Millennium Development Goals says UNESCO Director-General［N/OL］.（2010-09-21）［2016-11-15］. http://www. unesco. org/new/en/goodwill-ambassadors/ news-single-view/news/culture_a_driver_for_development_and_the_achievement_of_the/.

［4］国际古迹遗址理事会.文化遗产地阐释与展示宪章［R/OL］.（2008-10-04)［2016-12-01］. https://www. icomos. org/images/DOCUMENTS/Charters/interpretation_cn. pdf.

［5］蓝来富.西湖博物馆重新对外开放［J］.浙江文物,2016,82(5):6-9.

［6］联合国教科文组织.保护世界文化与自然遗产公约［R/OL］.（1972-11-23）［2016-12-01］. http://whc. unesco. org/archive/convention-ch. pdf.

［7］孙华,王思渝,魏子元等.关于遗产保护主体的思考［J］.遗产保护与研究,2016,1(2):27-32.

［8］孙九霞,王学基.旅游凝视视角下的旅游目的地形象建构——以大型演艺产品《印象·刘三姐》为例［J］.贵州大学学报（社会科学版）,2016,(1):47-57.

［9］王涛.在行走中寻找历史遗存——记杭州西湖文化特使吴樾和樊霖涵［N/OL］.（2016-08-23)［207-01-12］. http://news. cri. cn/20160823/633545ee-3b8f-c4af-6d94-c3b46d7d6f8d. html.

［10］魏青.遗产的阐释与展示:连接起点的最后一环［J］.世界遗产,2015(11):22-23.

［11］新华网.张艺谋挨批没文化 印象系列被讽为"团体操"（2010-2-6）［2017-01-12］http://news. xinhuanet. com/ent/2010-02/06/content_12942395. htm.

［12］印象西湖官网.印象西湖介绍［R/OL］.［2015-10-30］. http://www. yxwestlake. com/about. html.

［13］张邦卫.媒介诗学:传媒视野下的文学与文学理论［M］.北京:社会科学文献出版社,2006.

［14］赵志伟.申亚宣传片:城市形象的视觉表征［J］.现代视听,2010(9):64-66.

网络图片资源：

[1] 美团网 http://www.meituan.com/brand/yinxiangxihuzhu guan zhongxiweiyanchupiao.

杭州的世界遗产与社区参与

第3章

3.1　研究背景

自 1972 年《保护世界文化和自然遗产公约》(以下简称《公约》)诞生以来,文化遗产的内涵与外延不断扩展。从《威尼斯宪章》到《华盛顿宪章》,人们看待文化遗产与当代关系的视野在不断扩大,从最初针对单个文物古迹历史建筑的物质形态保护,发展到如今注重遗产地景观的物质与整体性保护。就总体趋势而言,关注的焦点从"保护什么"转向了探讨"当代人为何要保护文化遗产"(Smith,2006)。文化遗产与当代社会的互动关系日益受到更多研究者的关注(单霁翔,2009)。遗产保护的理念与方法也从最初强调物质原真性的本体保护法转向基于多元价值评价的活态保护法(ICOMOS Australia,1999;Poulios,2014),开始重视人的活动及当地民众的非物质文化要素对所在遗产地保护和发展产生的影响(Mason,2002;de la Torre et al.,2005)。在 2012 年《公约》诞生 40 周年之际,联合国教科文组织在全球发起了以"世界遗产与可持续发展"为主题的学术研讨活动。最新的遗产话语将文化遗产保护置于可持续发展的语境中,认同遗产是推动社会发展的重要文化资源,因而前所未有地强调遗产社群的作用,将拥有文化遗产的社群置于文化遗产保护的主导地位(UNESCO,2012)。在遗产保护中不仅注重社群的权利维护和生活需求的满足,而且强调情感表达和对文化遗产的诠释(ICOMOS,2014)。如何维护世界遗产的保护与遗产地社区的发展之间的平衡正日益成为该领域的重要议题。遗产地的保护与发展离不开当地社区的参与,也已经逐渐成为专业人士乃至社会各界的共识。

在中国,随着遗产保护范围的拓展和遗产类型的增加,遗产与民众的关系也开始变得密切。在文化与遗产保护政策层面,2005 年国务院通知指出,文化遗产保护是全社会的共同事业,要充分调动各方面的积极性。2008 年,主管文化的国务院副总理刘延东在《文化遗产事业是社会主义文化建设的重要组成部分》的讲话中指出:"保护和传承文化遗产是全社会的共同事业……加快建立完善国家保护为主,动员全社会共同参与的文化遗产保护体制。"单霁翔在担任国家文物局局长期间曾多次强调公众参与的重要性,倡导动员全社会的力量参与、关注和保护文化遗产。《国家文物局关于进一步发挥文化遗产保护志愿者作用的意见》(2010)高度肯定了志愿者在文化遗产保护中的重要作用,提出要拓展文化遗产保护志愿者的参与渠道和参与平台,进一步鼓励和引导民众参与到遗产保护的事业中来。这些文件有力地推动我国文化遗产领域公众参与的发展进程,确立了由政府和相关专职部门主导、民众共同参与的遗产保护原则。2012 年国家文物局在《文博事业白皮书》中进一步阐述了政府与公众这两种力量在文化遗产保护中的作用,提出互为补充,共同形成有效的社会参与机制。

在学术研究领域,关于世界遗产地保护和社区参与的主题研究开始于 20 世纪 90 年代末,目前仍处于起步阶段。主要关注社区在旅游发展中的作用,多数从旅游产业可持续发展的角度探讨社区参与的重要性与可行性(胡志毅等,2002;孙九霞等,2004),也有借鉴西方实践经验与国内的社区参与实践相对照的比较性研究(保继刚,2006)。受到活态保护理念的影响,逐渐开始有学者尝试从遗产地利益相关者的角度探讨社区参与的问题(苗芳蕾,2014)。在这些关于社区参与的研究中,普遍存在以下问题:(1)国际保护理念的介绍与实际案例分析脱节。(2)泛泛而指的宏观论述多,能切实结合个案分析总结出有效经验和理论的少。(3)大多着眼遗产旅游产业发展和社区经济收入增长,忽视社区传统文化传承和身份认同建构。

《传承与共生》(杭州西湖世界文化遗产监测管理中心,2014)是社区参与遗产地保护与可持续发展领域具有突破性的研究成果。该研究依据最新的国际遗产保护理念,同时结合翔实的个案分析,从环境、经济、文化和管理各个角度,较为全面和系统地分析了多个遗产地社区关系中的问题,并且提出了构建社区和遗产地共生和谐关系的原则、措施和制度保障。本章研究的目标就是在《传承与共生》的研究成果的基础上,选取杭州的两处世界遗产地的社区参与为研究对象,通过个案分析,对于两者的共生关系进行更为深入的探讨,切实剖析遗产地与社区居民在环境、经济和文化等各个方面的共生现状,提出符合这些遗产地特点的可行性措施,从而总结可供同类型遗产地管理借鉴的有益经验。

3.2 研究对象与研究方法

本章研究选取杭州的两处世界遗产地——西湖文化景观和大运河(杭州段)的社区为研究对象。西湖文化景观和大运河分别于 2011 年和 2014

年列入《世界遗产名录》。这两处世界遗产地的核心保护区与周边缓冲区内目前仍有大量原住民居住。西湖遗产地内的居民点共包括 12 个行政村和 39 个农居点(表 3-1),常住人口共有 14287,其中原住民占 90% 以上(杭州西湖世界文化遗产监测管理中心,2014)。

表 3-1　西湖世界文化景观保护区内的居民点(来源:西湖申遗文本)

Serial Number	Names of Residential Quarters(Administrative Villages)	Names of Farmer's Dwellings
1	Yuquan Village	Qingzhiwu
		Lanjiawan
2	Lingyin Village	Jiulisonghuayuan
		Baileqiao
		Zhongxiatianzhu
		Shangtianzhu
3	Maojiabu Village	Wengjiaqiao
		Shangmaojiabu
		Pufuling
4	Jinshagang Village	Jinshaquyan
		Baishaquan
		Huangniling
5	Shuangfeng Village	Chishanbu
		Xiaojiwan
		Santaishan
		Yinmaqiao
		Shuangfengxincun
		Lijilong
6	Longing Village	Lingshang
		Shifeng
		Tingxia
7	Yangmeiling Village	Jiulongyuan
		Yangmeilingcun

Serial Number	Names of Residential Quarters(Administrative Villages)	Names of Farmer's Dwellings
8	Jiuxi Village	Xucun
		Guanjiashan
		Xujiawu
9	Manjuelong Village	Siyanjing
		Xiamanjuelong
		Shangmanjuelong
10	Wengjiashan Village	Wengjiashancun
11	Meijiawu Village	Meiwuxincun
		Zhujiali
		Xiaoyawu
		Meijiawulaocun
		Waidapiao
		Fancun
12	Nanshan Village	Lianhuafeng
		Guanyindong
		Kuoshiban

　　西湖作为世界遗产的核心价值在于该景观"是一种独特文化传统的杰出见证。这一传统旨在对景观进行不断的完善,从而创造出系列'题名景观',用以展现人与自然的完美融合"(国家文物局,2011)。从社区与遗产地的关系的角度分类,西湖属于共生型遗产地。周边的原住民大多是当地的茶农,世代以种茶制茶为生,与西湖的遗产文化价值的关联程度较低,他们的传统生产生活方式和风俗文化与遗产文化价值仅有部分相关(图3-1)。但是西湖遗产地的原住民在长期的农业生产和生活实践中,不断探索合理利用周边的自然资源,与西湖构成了长期共生、互利影响的地缘和业缘关系,并由此形成了相关联的价值和文化认同,成为遗产地社区的主要构成群体。在延绵上千年的淤塞、围垦、荒废和疏浚这一系列循环往复的治理过程中,当地民众与西湖的共生关系一直随着生产力的发展不断变化。历史上,原住民从西湖获取农业生产的自然资源,同时也参与了历次的疏浚和清淤

工程,是西湖两堤三岛等景观的建设实施者。在当今社会,西湖遗产地对于原住民来说,除了仍旧发挥农业生产资源的作用,更多的是作为一种可以转化为经济利益的文化资源,同时也是保持生活品质的环境资源。作为这些遗产地资源的使用者和获益者,遗产地居民与西湖文化景观依旧存在密切的地缘和业缘关系。因此了解和分析他们是否能够在生产和生活中合理利用遗产地资源,他们是否充分了解遗产地对于他们的价值和意义,从而在未来社会的不断变化中,能够作为保护的主体,自发地维护西湖遗产地保护与当地经济发展的动态而微妙的平衡,对于西湖未来的可持续保护和发展具有重大的意义。

图 3-1　西湖边的茶村(来源:搜狐美食)

依据原住民与遗产地的关联程度,运河也属于共生型文化遗产。京杭大运河沿岸至今仍聚居着大量的原住民。沿岸的居民聚居区是随着运河水陆交通运输业和轻工业的发展而建立起来的。这些地区的业态和生活习俗也是依河而兴,因河而变。以本次研究的杭州段桥西历史街区和小河直街历史街区为例,这里的居民的生产和生活都与大运河有着千丝万缕的联系,他们的生产和生活也构成了与遗产地相关的物质与非物质形态的市民文化。拱宸桥(图 3-2)始建于明崇祯四年(1631 年),至康熙、雍正时期已经成为繁忙的水路交通枢纽,其附近的区域也发展为繁华的商业区。到了 19 世纪末,随着通益公纱厂和世经丝厂等纺织厂的逐步建立,运河沿岸的轻纺工业开始发展。周边地区如桥弄街和桥西直街周围也逐步形成了以纺织业工人为主的工人聚居区,以工人阶层为服务对象的商业也得到了发展(周阳,2015)。当时小河直街因依托运河的发展成了重要的水陆转运码头地和物资集散储备中心。运河拱宸桥段沿岸开始发展成为依托运河作为交通要道的地域优势和适应纺织轻工业发展的需要而形成的一个纺织、船运和仓储工人为主的城市中下层居民聚居的区域。

图 3-2 拱宸桥(来源:杭州网)

新中国成立后,在原有的基础上,周边一带发展成以纺织轻工业为主的工业区。大批工厂如杭州第一棉纺厂、红雷丝织厂和杭州丝绸印染联合厂等厂房以及配套设施相继建立,周围聚集了大量的工人聚居区。但是到了20世纪90年代末,随着大规模的经济转型,这一带的国有轻纺企业纷纷破产转制。附近区域的商业和货运也逐渐衰落,附近街区的房屋破败,环境脏乱、基础设施陈旧落后,逐步蜕变为以贫困家庭为主的城市中下层居民聚居地(图 3-3、图 3-4)。2007 年启动的桥西历史街区和小河直街历史街区保护整治工程正是为了保护运河沿岸的传统居住街区等历史文化遗存和改善旧城区中低收入群体居住条件。

虽然原住民社区在西湖和大运河的申遗文本中并没有被界定为世界遗产价值的组成部分,但是社区里的原住民作为遗产地的使用者在遗产地保护和管理的实践中对遗产地的可持续保护和发展发挥着重要的影响。最新

图 3-3　改造前的小河直街（来源：中国城市网）

图 3-4　改造前的桥西历史街区（来源：周阳拍摄）

的文化遗产的保护理念强调遗产保护的可持续保护与发展和当地居民的参
与具有密切的关系。尤其是文化景观类遗产的保护更应重视两者的良性互
动与共生,重视维系人与环境的共存和发展。作为一种文化景观,西湖是周
边的人类聚落遵循着自然地貌演变与外界社会、文化、经济等影响因素共同
作用和演变的产物,是人类与自然环境相互作用的有力证据(SACHPRC,

2011）。因此，西湖文化景观遗产保护的对象不仅限于作为这种互动关系物证的自然和人文景观，更强调要保护反映当地生活和生产方式的非物质文化遗产，从而维系文化景观所赖以生存演变的这种互动关系，使其在现在和将来继续发挥重大作用（单霁翔，2010）。大运河的保护部门从 2002 年开始准备申遗就一直坚持和强调对该遗产的活态保护，强调沿岸的居民与运河，他们的工作和生活与运河息息相关，并且在长期共存的过程中对沿河的景观和市民文化产生持续而重要的影响。可以说，运河与原住民社区互相影响、互为依存。

由于原住民社区与遗产地的密切关系，本次研究选取了这两处世界遗产的社区居民为研究对象。采用了人类学的参与观察和深度访谈的方法，以便进一步详尽了解和有针对性地切实分析社区参与在促进这一类型的遗产地可持续发展中发挥的作用。研究者于 2015 年 11 月至 2016 年 6 月，历时 8 个多月共 10 次前往遗产地的灵隐、金沙港、栖霞岭、九溪、三台山 5 个社区，满觉陇、茅家埠和九溪 3 个居住点以及运河沿岸的桥西历史街区和小河直街历史街区进行田野调查。首先在不同的目标社区通过参与观察社区居民的生产经营活动和生活交往，以及对社区负责人进行的一般访谈，初步宏观地了解社区现状和居民参与情况。然后在这些社区选取有代表性的居民，如茶村村民、社区志愿者、外来经营者等，进行深度访谈，以进一步了解社区参与遗产地发展的历史和现状，并在此基础上对两者在环境、经济和文化等方面的共生关系进行分析和探讨。

3.3 杭州的世界遗产地社区参与现状

自从开始准备申报世界文化遗产，两处遗产地的一系列综合整治和管理工作都一直遵循"以民为本"的原则，制订并实施多项利民和惠民政策，体现出对遗产地社群利益的充分重视。在保护和管理的过程中，当地政府和管理者能够"问计于民"，鼓励利益相关的社群积极地为改善遗产地管理献计献策和参与各项保护和宣传遗产地的志愿者活动。基于对社群在遗产地管理和发展中的主体作用的认同，世界遗产地的管理从理念、政策和措施各个层面都为如何实现遗产地的和谐民生和可持续发展提供了可供探讨的实践案例。通过对西湖和运河两处遗产地社区的调查访谈，研究者了解到社区居民在这两处遗产地的保护与开发中主要以下列五种形式参与遗产地的保护和发展。

第一，参与保护遗产地的自然资源，优化遗产地环境；

第二，合理利用遗产地旅游资源，参与旅游经营服务活动，实现经济转型和良性发展；

第三，开展特色文化节庆活动，提升社群对其文化遗产的归属感和自豪感；

第四，开展志愿活动，激发自主参与意识，提升参与管理能力的培养；

第五，与遗产管理部门合作开展教育宣传活动，构建多元化的遗产社群的文化身份认同，巩固遗产保护的群众基础。

3.3.1　整治社区居住环境，实现生态的可持续发展

西湖文化景观上千年的演变发展史见证了西湖周边的居民合理利用遗产地的自然资源，与生态环境维持微妙的动态平衡的共生关系。但是自 20 世纪 80 年代以来，随着城市化进程的推进，遗产地人口增长与环境负荷之间的矛盾日益突出。由于缺乏相应的合理规划，西湖周边的民居点人口日益密集，基础设施落后，污水就地排放，造成水源污染，严重影响了周边水域的自然生态景观(图 3-5)。

图 3-5　改造前的农居房(来源：土流网)

为了最大程度地降低居民生产生活对西湖自然生态的负面影响,维持环境的可持续发展,西湖景区管委会从 2002 年开始对景区内的村庄进行整治工作。整治工作通过统一的规划设计,改善民居点的基础设施,全面实行截污纳管,综合治理环境污染,提升西湖水域质量,提高当地百姓的生活品质(图 3-6)。整治工作遵循"以人为本"和"问计于民"的原则,尊重遗产地原住民对居住地资源的使用权以及整治建设中的参与权、知情权和选择权,帮助居民充分了解"景中村"的保护和整治不仅有利于西湖景观的保护,也有助于改善当地的人居环境,提高居民生活质量,促进人与环境长期共存与和谐发展。因此,景中村的整治工作得到了遗产地原住民的衷心支持和积极参与。经过近十年的综合整治,西湖遗产地恢复了自然生态环境与周边社区良性互动的平衡关系,当地居民初步形成了环境保护与社区发展密切相关的意识,为未来文化景观的整体可持续发展提供了有力的物质保障和群众基础。

图 3-6 改造后的农居房(来源:韩嫣薇拍摄)

在启动运河综保工程之前,由于该地区支柱性产业的衰退,运河两岸曾经以轻纺工业和传统的水陆运输业为基础发展起来的繁荣景象已无迹可寻。两岸的旧街区环境十分混乱,运河水质污染严重,运河沿岸的传统风貌几乎消失殆尽(图 3-7)。历史街区的保护工程着重通过拆除大量违章建筑、恢复历史遗存和降低人口密度等措施改善历史街区风貌,提升居住环境,使历史街区原住民和周边居民直接受益。恢复了财神殿、张大仙庙等一些旧有民间场所(图 3-8),帮助街区恢复带有历史和文化印记的街巷结构。保护工程注重挖掘和抢救历史遗存,梳理和传承城市记忆,改善人居生态环境,实现可持续发展。

图 3-7 改造前的桥弄街(来源:浙江在线)

图 3-8 修复后的张大仙庙(来源:蚂蜂窝旅游网)

　　小河直街历史文化街区的保护整治工程通过总结之前在其他历史街区整治过程中的经验教训,在最初的规划阶段就能够切实考虑居民的实际需求,组织当地的居民参与到保护决策中来。不仅听取原住民代表、遗产保护专家等多方面的意见,而且使他们充分参与搬迁、施工和历史文化修复等各个环节。"以民为本"的政策以及就近安置、合理补偿和鼓励民众参与等各项措施获得了当地居民的认同,因此整个街区的保护工作赢得了民众有力的支持,初步实现"还河于民"的目标(图 3-9)。

图 3-9　改造后的小河直街(来源:中国城市网)

3.3.2　提升传统产业,发展休闲旅游服务业,促进社区经济的可持续发展

　　自 20 世纪 80 年代西湖成为国家级风景名胜区以来,由于保护政策对资源开发利用和基础建设的种种限制,西湖遗产保护区内的聚居区长期未能与周边城区和郊区享受同等的发展机遇,无论是居住条件还是收入水平都大大低于其他地区的居民。随着城市化进程的推进和现代商品经济的兴起,西湖遗产地与当地居民之间以传统农业和茶叶种植为纽带的共生关系也在发生变化。调和遗产地社区居民日益提升的经济发展需求与遗产地保

护政策之间的矛盾冲突,成为促进遗产地与社区可持续共生发展的重要工作。在遗产地管理部门的政策引导下,当地居民积极探索如何整合当地的自然和人文资源,通过发展以西湖龙井茶为特色的文化旅游休闲产业,转变经济增长方式,提高自身收入。

西湖遗产地景中村旅游休闲产业将西湖景区传统的龙井茶种植加工产业与现代都市的休闲旅游需求有机地结合起来。在保护和传承西湖龙井茶传统种植和加工技艺的同时,把茶农种茶、采茶、制茶、卖茶和泡茶及相关餐饮服务有机组合起来,充分发挥西湖龙井茶的品牌效应,利用景区优越的人文环境和区域资源,提升农业产品的附加值。各个社区和村落结合当地特色,发展出了各具特色的生态休闲旅游和住宿餐饮服务,形成了梅家坞和龙井村的茶楼经济,茅家埠和双峰村的农家乐餐饮服务,以及四眼井、满觉陇村和白乐桥的民宿群落(图 3-10,图 3-11)。

图 3-10　梅家坞茶楼(来源:新华网浙江频道)

这些各具特色的产业发展有效地调整了当地的产业结构,成为当地村民新的经济增长点,帮助茶农增收致富和提升生活品质。经过十几年的努力发展,西湖遗产地的多个村落和社区在西湖管委会和西湖街道各个部门的积极引导下,凭借独具特色的西湖山地"景中村"风貌和当地的自然与人文资源,发展出了粗具规模的旅游休闲经济,实现了产业结构的多元化和盈

图 3-11　白乐桥民宿(来源：韩嫣薇拍摄)

利模式的升级，切实提高了农民的收入和生活水平，呈现出遗产地社区发展和遗产地保护互利双赢的局面。

　　和西湖遗产地相比，运河沿岸居民参与的历史街区的旅游休闲业目前处于初步发展阶段。桥西历史街区和小河直街历史街区作为运河边的产业工人聚居地和物资集散地，曾经是经济繁荣的商业区。部分留存至今的运河沿岸街区的历史风貌依然真实反映着传统运河商埠文化，是运河文化的缩影。为了活态地保护和发展这些历史街区，保护规划鼓励原住民参与经营有当地特色的商铺、茶楼、传统特色小吃、手工作坊等(图 3-12)，振兴历史街区的商业并发展休闲旅游产业。目前已经在保障居民生态居住的前提下，基本形成具有运河特色的美食街、商业区、旅游区。但是由于客观原因，实际参与相关商业活动的多为外来的经营户，原住民的参与经营和获取经济收益的情况并不理想。这些街区的老龄化问题、原住民的文化水平不高和自主创业能力不足是阻碍原住民有效参与旅游休闲业经营的主要原因。如何带动与引导原住民进行传统街区的商业经营，如何在不破坏历史街区生活社区场景的基础上,解决街区活力不足问题,增加文化遗产保护对原住民的商业价值是值得进一步思考和探讨的。

图 3-12　传统酱园店(来源:搜狐旅游)

3.3.3　组织特色民俗文化活动,传承当地文化

西湖文化景观的可持续性保护离不开当地社区非物质文化遗产的传承。世世代代居住于此的原住民在与周围西湖山水的长期相互融合中,逐渐掌握了合理利用自然资源和适应环境的生产技艺,并形成了具有当地特色的生活习俗。保护和传承这些传统技艺和习俗,既可以维护当地文化环境并发挥以文化凝聚社区的作用,同时也为探索人类与西湖在未来的互动变化中长期和谐共生提供了有益的借鉴。

在当地政府的支持下,由社区、村委和民间商会共同合作组织的"开茶节""西湖桂花文化节""腊八节"等民俗文化活动,为西湖遗产地的原住民展示宣传当地非物质文化遗产提供了良好的平台,是传承和保护社区传统文化的重要形式之一。每年春季举行的西湖开茶节以展示和传承西湖龙井茶文化为主旨。其核心主题活动"推选杭州西湖龙井茶核心产区手工炒茶技艺传承人大赛",为来自西湖茶村的手工炒茶师提供了相互切磋交流和展示传统技艺的机会,并且激励和影响更多的龙井茶炒茶技艺的传人将这项国家级的非物质文化遗产传承下去(图 3-13)。每年秋季在满觉陇村举办的西湖桂花文化节是以西湖特色植物桂花为主题的民俗活动。满觉陇村一直是杭州桂花最盛的地方,具有"满陇桂雨"的美名。当地居民以桂花为原材料制作各类桂花食品如糖桂花和桂花酒等的手工技艺已被列为当地的非物质文化遗产,世代居住于此的沈启龙就是这项传统技艺的传承人。每年的桂花节期间,当地的原住民都会现场展示桂花龙井茶制作、糖桂花制作、酿桂花酒等传统手工技艺。通过出售这些传统桂花制品,原住民在获得商业报酬的同时,也向更多的市民和游人展示宣传独具当地特色的"桂文化"。

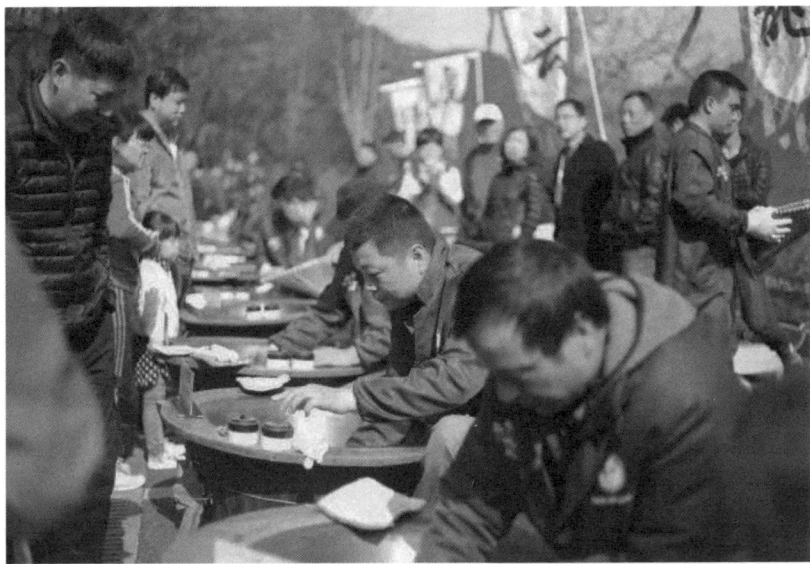

图 3-13 西湖开茶节炒茶技艺大赛(来源:新茶网)

运河两岸的历史街区也是引导当地居民传承和展示运河文化和杭州民俗的重要场所。桥西历史街区博物馆群展示了张小泉剪刀锻制技艺、天竺筷、泸州纸伞、蚕桑丝织技艺、紫砂、竹编等 20 余项运河沿线的"非遗"项目(图 3-14),每天都吸引大量的本地社区居民和杭州市民前来参观。此外街区内的商铺也有意引入"非遗"项目保护单位如方回春堂、天禄堂国医馆、老开心茶馆、浙派徐门古琴运河馆等。为了吸引更多的居民参与文化遗产保护,运河广场每年都会举行运河庙会、元宵灯会等民俗活动(图 3-15)。2014年至 2017 年元宵节期间,每年有 10 余万人次前来观灯赏灯,参与体验扎花灯等民俗活动(图 3-16)。

图 3-14 油纸伞手工制作活态展示（来源：杭州工艺美术博物馆官网）

图 3-15 2015 年杭州运河庙会（来源：钟玮拍摄）

　　这些独具地域特色的民俗活动，展示遗产地的社区文化，丰富了世界遗产地的文化价值，为原住民参与、传承和展示传统的技艺提供了有利的平

图 3-16 2016 年运河元宵灯会(来源:杭报在线)

台。社区居民通过参与这些民俗文化活动,进一步认识了所拥有遗产的意义,了解了这些遗产的多种影响,因此能够有意识地、积极地去保护和传承文化,"持续地去创造一种独有的文化"(UNESCO,2014)。在将来的实践中,有必要进一步明确这些民俗文化活动保护传承社区非物质文化遗产的意义,重视其满足社群本身的情感需求与文化传承的作用,为探索如何引导遗产地社区居民自觉保护传承传统技艺和民俗文化提供有益的实践经验。

3.3.4 以志愿者活动凝聚社区,激发居民遗产保护主体意识

组织和参加各种与遗产地和社区相关的志愿者活动,是西湖遗产地的社区居民维护家园、保护遗产地的另一种主要形式。本次调查研究显示,由于原住民世世代代居住在遗产地,他们的生产和生活都与周围的环境融为一体,形成了互利与共生的生态系统,因而他们对于遗产地怀有十分深厚的感情。这种自发的保护意识,促使遗产地的一些居民有意识地参与到各类遗产地保护和社区建设的志愿者活动中去。其中,三台山社区的平安巡防队和东山弄社区的登山志愿者服务队就是很有代表性的案例。

三台山的平安巡防队最初是为了应对由民宿业发展带来的外地人口增多导致的安全问题,由社区居民自发组建的,如今已经发展为提供安全巡

查、环境监察和游客问询指路等多项服务的志愿者队伍。在巡防的过程中，如果遇到游客问路，志愿者们不但热心给予指引，还会主动介绍周边的景点（图 3-17）。正如社区负责人所说："有人说北京的大妈们都很厉害，会讲洋文。我们这里的志愿者也一样很棒，以后他们也可以承担导游和讲解员的工作。如果能有针对地为他们举办一些有关遗产地的知识讲座和培训，他们一定能做得更好。"

图 3-17　三台山社区平安巡逻队的志愿者（来源：浙江在线）

山林管护小分队是另一支颇具特色的由东山弄社区居民自发组成的志愿者服务队。从 2008 年开始至今，这群老人将个人爬山健身的爱好与遗产地保护的公益事业结合在一起，成为西湖志愿者总队下属的一支负责山林管护监察的小分队。8 年来，这支山林管护小分队共开展山林管护、挑刺找问题、文明劝导、清洁行动等志愿服务 42000 多个小时，在西湖遗产地的各类重大活动中，都积极地参与，并有出色的表现（图 3-18）。黄队长还将巡山途中的风景按照山、水、特色植物、洞穴、建筑、名人墓葬和故事传说等主题，分门别类地整理编写成了 20 多万字的图书，希望能以这种方式将西湖山水人文与更多的人分享。

志愿者活动赋予民众监督的权利，以便及时汇集各种不同的意见，平衡不同的群体利益，有利于弥补遗产管理实践中的问题。同时，这些活动也为遗产地居民参与西湖文化景观的保护和宣传提供了舞台，可以激发原住民

图 3-18 山林管护小分队在巡山（来源：搜狐公众平台）

的自觉参与意识。凭借遗产管理部门的政策支持，遗产专家们的合理引导和技术支持，这些志愿者活动有望逐渐发展为遗产地日常管理的有机组成部分，从而发挥更大的作用。

3.3.5 以遗产的宣传教育构建新的社群认同

随着西湖遗产地旅游休闲业的发展，外来的游客和经营者大量涌入西湖遗产地的景中村，原住民为了经济收益纷纷出租自有房屋，迁居别处。当地的人口结构发生明显变化。为了应对人口结构的改变带来的遗产保护责任主体及其传承意识的变化，西湖遗产地的管理部门与当地社区一起研究探索以文化凝聚社区，构建新的社群认同的各种有效方法。

从理论上拓展对遗产地社群的定义。国际上在文化遗产领域对社群的定义是一种基于共同经历、利益关系或价值认同形成的社会群体（Tonnies，1887）。这种社群的属性并不一定受到地缘关系和行政区域划分的局限，而主要取决于文化和心理认同（Anderson，1983）。随着社会的发展，遗产地的经济结构出现了重大的变化,以前依赖遗产地的传统社群可能迁居别处,而外来的经营者则会构成新的遗产地社群,因而遗产地的人口结构处于不断的变化和重构的过程之中(Waterton & Smith,2010)。同时,随着遗产衍生价值的拓展与变化,遗产保护的责任主体也在扩展。当地政府"还湖于民""问计于民"的遗产保护政策拉近了西湖遗产地与城区居民的关系,其环境价值、文化价值、旅游经济价值对杭州市民和新杭州人都具有重要的价值和意义。公众参与西湖遗产地的保护意识逐步提高,参与条件日趋成熟。各种遗产宣传和教育活动正在以文化遗产保护为核心理念构建文化认同,塑造和凝聚新型的遗产社群。

杭州西湖世界文化遗产监测中心组织的西湖文化特使活动正是在这样的环境中应运而生的。这些文化特使大多为在杭州就学的大学生,与遗产地没有紧密的地缘关系,并不属于传统意义上的遗产地社群。但是经过遗产监测中心的培训和参加西湖文化遗产的推广活动,西湖文化特使们不断学习积累,逐步形成对西湖遗产地的了解和价值认同,并且结合自身的才艺和创造力,策划与实施了"原地旅行走读西湖"等一系列文化遗产主题活动(图 3-19)。相同的理念、价值认同和遗产保护活动使他们凝聚在一起,构建了新型的遗产保护社会群体,为传播遗产知识与保护理念发挥着重要的作用。

图 3-19　2016 年中国文化遗产日走读西湖(来源:搜狐旅游)

西湖遗产地外来的餐饮住宿和文化企业的经营者是由业缘关系聚集形成的新型遗产地社群。这些文化休闲产业的经营者大多来自外地,他们的经营活动与西湖旅游紧密融合,在策划推广营销旅游服务和文化产品的过程中结合了他们对西湖的自然人文景观的理解和认识,并通过他们的营销推广平台进一步对消费者群体产生影响力。随着经营者队伍的不断壮大,兼具管理和组织协调作用的各类商业协会如"民宿协会""茶楼协会"等相继成立。这些行业协会作为民间组织在遗产地管理部门和经营者之间发挥沟通协调的作用。通过制定行业规范、提供技术培训、策划整体行业宣传等方式,引导企业的经营活动与文化遗产资源的有效结合,以西湖文化元素塑造行业品牌,加强企业经营者对遗产价值的了解,加深这些新型遗产群体对遗产的情感认同,帮助建立自觉遗产保护意识。

随着社会发展和经济转型,运河沿岸的居住群体处于不断的更新换代之中。当初的原住民大多由船民、纤夫和沿岸提供商品和服务的城市工商业者等构成,因而与运河具有密切的业缘共生关系。如今的居民大多为城区的低收入群体。"常住人口"中既有晚清民国时期原住民的后代,也有新中国成立后从外地来的"迁住民",而且还有不少临时在此租住的"外地人"。因此,从严格意义上来讲,现居运河沿岸的居民并不是真正的"原住民"。他们的工作生活与运河没有实际的关联性,同时也与偏重于强调历史、审美和建筑等原真价值的遗产要素缺乏交集。因此,社区居民对自身作为遗产地的历史文化街区的成员的归属感不强。

修缮后的运河历史街区除了保留居住区域,也着力发展商业、文化旅游和创意产业。更新后的工业遗存和下铺上宅的传统民居,吸引了各个领域的工美大师及"非遗"传人、艺术家和文创人员前来,开设工作室、展示平台和商铺,开展交流切磋、创作研究和商业经营。此外,也有不少参与经营餐馆、茶室和咖啡馆等旅游休闲产业的外来人员。这些人员由于业缘关系在运河边聚集起来,在各自的经营场所结合当下的社会需求,对当代运河的文化做着新的阐释和解读。但是与西湖遗产地的旅游经营管理相比,运河管委会尚缺乏对这些企业的经营活动的有效引导和整体策划,以便建立以运河文化为要素的品牌效应,从而促使这些运河周边的历史街区真正成为业态丰富,功能多样,且能展现深厚的运河文化底蕴的公共场所。

通过对两处世界遗产地的社区参与情况的考察,笔者认为,总体而言,遗产地的社群参与取得了良好的生态、社会、文化和经济效益。原住民对遗产地各项工作的参与有利于更新和维护与他们切身相关的周边生态环境；有利于激发社区的经济活力，在政策的有力支持下，通过现代化转型振兴传统产业，结合遗产地的人文资源发展具有当地特色的旅游休闲产业，为遗产地提供新的经济增长点，助推区域的可持续发展；有利于唤醒原住民关注和保护濒临失传的手工艺民俗和曲艺等非物质文化遗产，从而承担起文化传承的重任。随着遗产社群的变化和发展，遗产地的管理部门、社区和行业协会通力合作，以灵活多样的教育和培训活动，吸引并凝聚了更多有志于保护文化遗产的社会个体，构建新型的文化遗产社群，大家整合资源，共同挖掘、探索和展示遗产地的文化。正如西湖世界遗产监测与管理中心的一名工作人员所说，这些教育宣传的活动就如一粒粒种子，如今它们生根发芽，将来就会茁壮成长，把西湖的文化向更多的人传播。今日的星星之火，明日终可燎原。

3.4　社区参与实践中的问题

社区居民参与世界遗产开发、利用、保护和管理已经成为政府和原住民的共同诉求。但是在具体实践中仍然存在很多问题与障碍。一方面，虽然政府号召社区居民参与，但尚未制订出相应的管理制度和规章条例。另一方面，社区民众虽然有一定参与的意愿，但参与渠道有限单一，参与能力尚显不足。总之，与欧洲、澳洲及北美等地区的实践相比，社区参与在我国的文化遗产领域才刚刚起步，目前仍有很大差距。总结杭州世界遗产领域的社区参与案例，在世界遗产的长期保护与社区可持续发展之间的冲突与矛盾主要体现在以下几个方面：

3.4.1　现代化生活需求与遗产保护所要求的原真性之间产生的矛盾冲突

在现代社会快速经济发展和城镇化建设的背景下，遗产地居民在肯定当地住房条件改善和居住环境提升的同时，也普遍反映了希望进一步缩小与遗产地周边地区的城区建设和生活配套等方面的差距。由于当前的遗产保护政策和相关的法规管理条例的制约，遗产地社区缺乏一些常规的公共服务设施,从而导致居住条件与环境明显滞后于社区周边地区的社会经济发展程度。社区居民切身的生活需求得不到保障,因此对遗产保护怀有疏离甚至负面的态度。为了遗产地的可持续性保护,应该探索如何通过提高技术和改进管理,协调社区居民的生活需求与遗产本体保护之间的矛盾,从而进一步调动居民对参与遗产保护和支持遗产事业的积极性。

3.4.2 法律法规和相关制度不够完善

从遗产保护伦理来说,遗产属于人民群众。2013 年"文化遗产日"的主题就是"人人都是文化遗产的主人"。世界遗产更被定义为全人类的财产。从法律层面上来讲,公众在文化遗产保护中的主体地位没有得到明确保障。《中华人民共和国文物保护法》明确规定,"中华人民共和国境内地下、内水和领海中遗存的一切文物,属于国家所有",以及"各级政府和文物行政部门是文物保护工作的主体"。除了《文物认定管理暂行办法》等极少数的法规赋予了公众对文物的一些有限的权利(如文物认定权),目前还没有明确界定公众参与文化遗产主体地位的专项法规。有些地方性保护条例虽然有关于鼓励公众参与的相关条款,但是缺少相配套的程序性规定、有效的管理制度和合理的激励制度,不具有实际可操作性。

3.4.3 社会参与机制不够健全

虽然当前的遗产保护理念鼓励民众参与文化遗产保护,但是社区民众缺乏参与渠道,参与形式较为单一。现行的遗产保护政策长期以来都受到考古学和博物馆学强调对物质形态的保护的影响,不利于调动民众参与的积极性,一定程度上制约了杭州文化遗产事业的可持续发展。在遗产保护的管理决策及传播领域,社区的参与力量有待加强。目前对文化遗产的宣传主要由政府主管职能部门以及准官方的团体(如《钱江晚报》)等承担。虽然在国际的遗产保护政策和学术研究层面,遗产地的居民被认为是遗产地文化的拥有者和继承者,具有阐释和宣传本地文化的权利,但是调查显示,社区民众参与遗产传播的积极性不高,参与志愿活动的群体老龄化程度偏高,健康状况不甚理想,年轻群体不愿参与学习。参与的渠道和范围具有极大的局限性。导致这种现象的主要原因可归结为以下两方面。首先,现有的遗产价值体系着重强调世界遗产地在物质形态上的审美、历史和纪念价值,而忽视与遗产地关联的非物质形态的文化价值。对前者的阐释需要建筑、历史、考古和艺术等专业知识,普通的当地民众往往由于缺乏这些专业知识,因而在遗产的宣传教育活动中扮演被动的角色,成为被教育的对象,而且这些专业知识对社区民众来说是高高在上的阳春白雪,存在感情上的隔阂,这在很大程度上降低了民众参与的热情,无法以更积极的姿态参与到遗产宣教活动中去。

政府对社区参与的重要性虽有理念上的认识,但是缺乏有效措施为公众的参与开拓途径和搭建平台。因此在文化遗产的传播和教育活动中,依然是遗产保护的职能部门和专业人士作为组织方占据了主导地位,准官方的团体(如当地权威媒体)和民间团体是积极的参与者,而社区民众则是被动的受众。这在很大程度上影响了社区民众参与的积极性。

3.4.4 社会组织发展滞后

很多国家和地区的遗产保护实践显示,社会组织作为遗产保护中除政府和民众之外的第三方力量,在沟通、协调其他两种保护力量的工作中发挥着重要的作用。但是在我国,与环境保护领域的社会组织相比,文化遗产方面的社会组织在数量、规模和社会影响力等方面发展都有很大差距。这些社会组织由于受到领导者的能力、责任感、社会资源等各种因素的影响,发展情况具有很大的差异。有一部分具有一定政府背景的准官方组织,能够准确定位,积极开展工作,在政府和公众之间有效地发挥着桥梁和纽带作用。但是大多数民间的协会和组织往往由于缺乏政府和社会在政策、人脉、资金、渠道等方面的支持而难以为继,相继退出文化遗产保护的实践。

3.5 应对措施

虽然世界遗产的社区参与实践存在着各种矛盾和困难,但是西湖和大运河(杭州段)这两处遗产地社区居民参与的案例说明,遗产地居民已经开始认识到自己有责任和义务保护传承遗产文化价值,具有一定的参与传承文化价值相关行动的积极性,综合反映了遗产地社区居民主观意识上参与遗产文化价值保护和传承的潜力。在此基础上,如果能够针对存在的问题,从思想认识、法律制度、具体操作措施等方面积极寻求改进,加强以下几个方面的工作，那么世界遗产的保护与社区发展的良性互动还是有望实现的。

3.5.1 确立以人为本的保护理念

文化遗产保护首先要明确保护的目的是保障遗产地居民和其他利益相关者及其后代的长远利益，为该地区在经济、社会、文化和环境的可持续发展储存资源。但是，在开展实际保护工作的时候，也要考虑到相关群体的现实利益，满足民众当下的生产生活需求。因此，在具体工作中不能简单机械地强调对遗产地物质形态的保护，同时也要倡导"以人为本"的活态性保护。要关注、重视和保障当地居民的切身利益，从而使得世界遗产的保护政策和措施更加符合实际，减少与民众的矛盾冲突，社区居民能够直接享受到文化遗产的保护给他们的生产生活带来的积极影响。

以人为本的原则还应体现在尊重社区居民作为遗产权益主体的地位。通过赋予当地民众参与和分享文化遗产保护的权利，维护和强化社区居民与世界遗产之间的情感联系。在保存遗产地"有形文物"的同时，也要延续当地人的"无形文化"。通过支持鼓励当地居民在传统技艺、民俗传统和民间传说等当地非物质文化遗产的传承中发挥主体作用，帮助他们建立自己作为文化遗产保护的受益人和保护主体的理念。

3.5.2 完善法律法规和相关制度

为了进一步鼓励公众尤其是遗产地的当地居民参与文化遗产保护，国家层面的文物保护法应当明确规定，遗产地居民作为直接的利益相关者在遗产保护的决策、保护、管理和宣传等工作中的权益主体地位。相关的各级地方法律法规和管理规定中，也有必要增加相应条款，以及具有可操作性的程序性规定。制订志愿者和非政府性组织的管理制度，以及鼓励社区民众参与文化遗产保护的经济激励制度。

3.5.3 转变职能，开展与社会组织的合作

随着世界遗产数量的增加和保护类型的扩展，单纯依靠政府主管部门开展工作已经远远不能满足当前的世界遗产保护需求，而且也不利于民众发挥参与的积极性。社会组织作为政府和遗产地民众之间沟通的桥梁，有必要得到进一步的发展。可以借鉴英国等西方国家的遗产保护方式，尝试

通过政府资助、社会组织开展具体管理和保护工作的办法,将主管遗产保护的政府部门的一部分职责转交给具有专业资质的社会机构和组织。政府通过制订相关的政策法规和管理制度来监督和规范这些机构与组织的工作。社会组织也必须通过完善自身的管理制度,积极整合社会资源,从而强化运作效率,争取政府在政策、资金和资源上的支持。这种职能的转变和机制的改革,有利于遗产保护事业和当地社会的经济文化资源与民间保护力量进一步融合,从而实现可持续的发展和良性循环。

3.5.4　完善公众参与机制,构建参与平台

在坚持"政府力量为主导和发动民众共同参与"原则的基础上,充分认识遗产地的当地民众是保护世界遗产的重要力量,积极保护和引导该群体参与文化遗产保护的意愿。

要建立健全遗产地社区居民的参与机制,搭建参与平台,进一步激发这个群体保护世界文化遗产的积极性、主动性和创造性。志愿者是当地居民参与遗产保护的重要形式。遗产职能部门和当地的社区管理者应努力营造尊重和鼓励志愿者活动的社区环境,丰富志愿活动的形式,强化与遗产地管理的实质联系,吸引更多的各个群体和阶层的当地居民参与到文化遗产保护志愿者队伍中来。在鼓励和支持的同时,相关部门也应该通过对志愿者的管理、培训和指导,提高志愿者参与遗产地保护、管理、监督和宣传等方面的能力,有效发挥志愿者的作用,从而使之真正成为文化遗产保护的重要力量。

3.6　结语

杭州两处世界遗产地的保护和管理实践显示,在共生型遗产地的管理中,当地政府、遗产地管理部门和社区通过互相协作,能够引导社区在生态的维系、经济的发展、文化的传承乃至整个遗产的管理中发挥重要且不可替代的作用。基于西湖遗产地的管理实践,可以总结出以下有利于促进遗产地社群参与的经验:首先,在保护遗产地真实性和完整性的前提下,遗产地管理部门应当从原住民的权益出发,改善社区的基础设施,弥合居民聚居地和景区之间的环境差距,调动社区保护家园维护生态环境的积极性;其次,

切身考虑社区经济发展的需求,管理部门可以赋予居民一定的权利以合理的方式来开发利用遗产地资源,促进遗产地社区经济的可持续发展;再次,在遗产地管理部门的引导和帮助下,组织以社区参与为主体的具有当地特色的文化民俗活动,鼓励社区居民深层次地参与讲述、诠释和展现当地文化的旅游活动,并且成立各类以当地民众为主体的民间社团和公益组织,以及负责遗产保护管理监察的志愿者队伍,强化社区的自我管理和参与日常管理公共事务的能力;最后,必须积极应对社区居民对遗产地保护的态度和行为变化,通过灵活多样的教育宣传培训活动,在更广泛的遗产社群中构建文化认同,使遗产保护拥有更深厚和广泛的社会基础。在当前可持续发展的语境下,西湖遗产地保护的实践对于新型的可持续的文化遗产保护做出了十分有意义的探索。

当然,与国际上很多成功的社区参与案例相比,杭州的世界遗产地在社区参与方面力量仍然显得有些薄弱,参与遗产地管理尚存不少问题。为了巩固和延续当前初见成效的社区参与模式,需要进一步明确社区的主导作用,较好地平衡社区利益诉求和承担保护责任之间的关系,从而进一步调动社区的积极性。当地政府和管理部门应制订整体性的策略和规范,建立社区参与的长期有效机制。还需要专业人士的智力引导和技术支持,帮助村民和居民逐步提高经营管理、遗产地文化展示和公共事务管理的能力。有必要进一步开展灵活互动的遗产保护宣传教育活动,培养并深化各类遗产社群对文化遗产价值的认识和认同,以应对遗产地人口结构变化带来的遗产文化价值传承责任意识的改变;可以鼓励更多的民间协会与社团参与文化遗产保护事业,通过第三方组织的沟通协作和技术支持,为原住民和政府之间的合作搭建更有效的遗产保护平台。

参考文献:

[1] ANDERSON B. Immagined Communities: reflections on the origin and spread of nationalism [M]. London: Verso. 1983.

[2] DE LA TORRE M, MacLean M, Mason M, Myers D. Heritage Values in Site Management: Four Case Studies [M], The Getty Conservation Institute, Los Angeles, CA. , 2005.

[3] ICOMOS. The Florence Declaration on Heritage and Landscape as

Human Values［R/OL］. (2015-03-18)［2016-11-20］. https：//www. icomos. org/images/ DOCUMENTS/Secretariat/2015/GA ＿ 2014 ＿ results/GA2014 ＿ Symposium ＿ FlorenceDeclaration ＿ EN ＿ final ＿ 20150318. pdf.

［4］ ICOMOS AUSTRALIA. The Burra Charter 2013：the Australia ICOMOS Charter for Places of Cultural Significance［R/OL］. (2013-10-31)［2016-11-15］. http：//www. icomos. org/australia/ burra. html.

［5］ MASON R. Assessing values in conservation planning：methodological issues and choices，in de la Torre，M. (Ed.)，Assessing the Values of Cultural Heritage：Research Report［M］，The Getty Conservation Institute，Los Angeles，CA，2002：5-30.

［6］ POULIOS I. Discussing strategy in heritage conservation［J］，Journal of Cultural Heritage Management and Sustainable Development，2014，4(1)：16-34.

［7］ SMITH L. Uses of Heritage［M］，Routledge：London，2006.

［8］ WATERTON E.，SMITH J. The recognition and misrecognition of community heritage［J］. International Journal of Heritage Studies，2010(16)：1-2, 4-15.

［9］ SACHPRC. Nomination File of West Lake Cultural Landscape of Hangzhou，(2011-03-04)［2016-08-20］. http：//whc. unesco. org/ uploads/nominations/ 1334. pdf.

［10］ TÖNNIES, FERDINAND. Community and civil society［M］. edited by José Harris. translated by José Harris and Margaret Hollis. Cambridge：Cambridge University Press，2001.

［11］ UNESCO. Libo Statement of Intent of World Heritage and Sustainable Development Forum［［R/OL］. (2012-06-12)［2016-11-15］. http：//whc. unesco. org/ document/123335.

［12］ 保继刚,孙九霞. 社区参与旅游发展的中西差异［J］. 地理学报,2006, 61(4)：401-413.

［13］ 杭州西湖世界文化遗产监测管理中心. 传承与共生［M］. 北京：文物

出版社,2014.

[14] 胡志毅,张兆干. 社区参与和旅游业可持续发展[J]. 人文地理,2002,17(2):38-41.

[15] 刘延东. 文化遗产事业是社会主义文化建设的重要组成部分[EB/OL]. (2009-01-19)[2016-12-28]. http://www. whyc. org. cn/2009/0119/18226. html.

[16] 苗芳蕾. 基于社区参与的文化景观遗产开发与保护研究——以元阳梯田为例[J]. 旅游市场,2014,127(10):80-81,87.

[17] 单霁翔. 试论新时期文化遗产事业的发展趋势[J]. 南方文物,2009(1):7-1.

[18] 单霁翔. 文化景观遗产保护的相关理论探索[J]. 南方文物,2010(1):1-12.

[19] 孙九霞. 旅游人类学的社区旅游与社区参与[M]. 北京:商务印书馆,2009.

[20] 司娟. 非物质文化遗产保护的现状及存在的问题[J]. 延安职业技术学院学报,2013(3):11-13.

[21] 周阳. 杭州拱宸桥桥西历史街区更新改造研究[D]. 浙江大学,2015.

网络图片资源:

[1] 搜狐美食 http://www. sohu. com/a/128469139_616522.

[2] 搜狐旅游 http://www. sohu. com/a/130507208_103422;http://travel. sohu. com/20160612/n454070648. shtml.

[3] 搜狐公众平台 http://mt. sohu. com/20160229/n438902286. shtml.

[4] 杭州网 http://hznews. hangzhou. com. cn/chengshi/content/ 2016-07/15/content_6244834. htm.

[5] 中国城市网 http://www. urbanchina. org/n/2014/0403/c383176- 24815090. html;http://www. urbanchina. org/n/2014/0917/c387220-25680084. html.

[6] 土流网 http://www. tuliu. com/read-29273. html 2016-5-13.

[7] 蚂蜂窝旅游网 http://360. mafengwo. cn/travels/info. php? id=5601761.

[8] 新华网浙江频道 http://www. zj. xinhuanet. com/newscenter/ traveling/2015-05/28/c_1115437682. htm.

［9］新茶网 http：//www. xincha. com/p/301284.

［10］杭州工艺美术博物馆官网 http：//www. zgdjss. com/exhibition/％
　　　E6％89％8B％E5％B7％A5％E8％89％BA％E6％B4％BB％E6％
　　　80％81％E5％B1％95％E7％A4％BA％E9％A6％86.

［11］杭报在线 http：//news-hzrb. hangzhou. com. cn/system/ 2016/02/19/
　　　012965179. shtml.

［12］浙江在线 http：//zjnews. zjol. com. cn/system/2013/08/07/ 019518354.
　　　shtml；http://hangzhou. zjol. com. cn/system/2016/09/07/021291173.
　　　shtml.

杭州的世界遗产与相关非物质文化遗产的关系

第 4 章

4.1　概述

4.1.1　中国的非物质文化遗产工作发展概述

2003 年 10 月 17 日在联合国教科文组织第 32 届大会上通过了《保护非物质文化遗产公约》，该公约于 2006 年 4 月正式生效。《保护非物质文化遗产公约》是人类历史上非物质文化遗产保护事业的重要里程碑，它的诞生标志着人类对文化遗产的保护进入到了一个新的阶段——人们对文化遗产的认识逐渐从单纯的物质属性层面上升到了物质属性与非物质属性兼顾的层面，文化遗产的涵盖范围大大扩展。在该公约中，非物质文化遗产有了明确的定义，它是指"被各社区、群体，有时是个人，视为其文化遗产组成部分的各种社会实践、观念表述、表现形式、知识、技能以及相关的工具、实物、手工艺品和文化场所。这种非物质文化遗产世代相传，在各社区和群体适应周围环境以及与自然和历史的互动中，被不断地再创造，为这些社区和群体提供认同感和持续感，从而增强对文化多样性和人类创造力的尊重。在本公约中，只考虑符合现有的国际人权文件，各社区、群体和个人之间相互尊重的需要和顺应可持续发展的非物质文化遗产"（UNESCO，2003）。具体而言，非物质文化遗产包括以下几种类型："(1)口头传统和表现形式，包括作为非物质文化遗产媒介的语言；(2)表演艺术；(3)社会实践、仪式、节庆活动；(4)有关自然界和宇宙的知识和实践；(5)传统手工艺。"（UNESCO，2003）联合国教科文组织根据《保护非物质文化遗产公约》设立了《人类非物质文化遗产代表作名录》《急需保护的非物质文化遗产名录》和《优秀保护实践名册》。截至 2016 年底，《人类非物质文化遗产代表作名录》收录 366 项，《急需保护的非物质文化遗产名录》收录 47 项，《优秀保护实践名册》收录 16 项。

2004 年 8 月 28 日，第十届全国人大常委会第十一次会议批准我国加入《保护非物质文化遗产公约》，成为第 6 个加入该公约的国家。2005 年 3 月，国务院办公厅下发了《关于加强我国非物质文化遗产保护工作的意见》。2005 年 12 月，国务院颁布了《关于加强文化遗产保护的通知》。2006 年 6 月，在《保护非物质文化遗产公约》首次缔约国大会上，我国当选为保护非物质文化遗产政府间委员会18个委员国之一。2011年2月25日,《中华人民共和国非物质文化遗产法》由第十一届全国人大常务委员会第十九次会议通过并公布,并于同年6月1日起施行。我国已经建立了一整套完善的非物质文化遗产保护的管理制度和体系,非物质文化遗产的保护工作得以顺利开展。截至2016年底,我国入选联合国教科文组织设立的《人类非物质文化遗产代表作名录》《急需保护的非物质文化遗产名录》和《优秀保护实践名册》的项目已达39项(表4-1)。从2006年至2016年底,国务院已陆续公布了四批国家级非物质文化遗产名录及相关的扩展项目名录(表4.2),对我国非物质文化遗产的保护和管理工作起到了极大的推动作用:(1)2006年5月20日,国务院公布第一批国家级非物质文化遗产名录(共计518项);(2)2008年6月7日,国务院公布第二批国家级非物质文化遗产名录(共计510项)和第一批国家级非物质文化遗产扩展项目名录(共计147项);(3)2011年5月23日,国务院公布第三批国家级非物质文化遗产名录(共计191项)和国家级非物质文化遗产名录扩展项目名录(共计164项);(4)2014年11月11日,国务院公布第四批国家级非物质文化遗产代表性项目名录(共计153项)和国家级非物质文化遗产代表性项目名录扩展项目名录(共计153项)。[①] 在全国大力开展非物质文化遗产保护工作的形势下,杭州市对非物质文化遗产的保护也非常重视,相关工作细致、高效,成果丰硕。

表 4-1　中国入选《急需保护的非物质文化遗产名录》《人类非物质文化遗产代表作名录》及《优秀保护实践名册》的 39 项非物质文化遗产

(来源:钟玮制作)

急需保护的非物质文化遗产名录 List of Intangible Cultural Heritage in Need of Urgent Safeguarding			
羌年 Qiang New Year festival	2009 年	中国木拱桥传统营造技艺 Traditional design and practices for building Chinese wooden arch bridges	2009 年

---

① 按照 2011 年 6 月 1 日起施行的《中华人民共和国非物质文化遗产法》的表述,国务院将"国家级非物质文化遗产名录"名称调整为"国家级非物质文化遗产代表性项目名录"。

续　表

急需保护的非物质文化遗产名录 List of Intangible Cultural Heritage in Need of Urgent Safeguarding			
黎族传统纺染织绣技艺 Traditional Li textile techniques：spinning，dyeing，weaving and embroidering	2009 年	新疆麦西热甫 Meshrep	2010 年
中国水密隔舱福船制造技艺 Watertight-bulkhead technology of Chinese junks	2010 年	中国活字印刷术 Wooden movable-type printing of China	2010 年
赫哲族伊玛堪民间说唱叙事长诗 Hezhen Yimakan storytelling	2011 年		

人类非物质文化遗产代表作名录 Representative List of the Intangible Cultural Heritage of Humanity			
昆曲 Kun Qu opera	2008 年	新疆维吾尔木卡姆艺术 Uyghur Muqam of Xinjiang	2008 年
古琴音乐艺术 Guqin and its music	2008 年	蒙古族长调 Urtiin Duu，traditional folk long song 备注:蒙古、中国联合申报	2008 年
中国印刻艺术 Art of Chinese seal engraving	2009 年	雕版印刷技艺 China engraved block printing technique	2009 年
中国书法 Chinese calligraphy	2009 年	中国剪纸 Chinese paper-cut	2009 年
中国传统木结构营造技艺 Chinese traditional architectural craftsmanship for timber-framed structures	2009 年	南京云锦工艺 Craftsmanship of Nanjing Yunjin brocade	2009 年
端午节 Dragon Boat festival	2009 年	中国朝鲜族农乐舞 Farmers' dance of China's Korean ethnic group	2009 年
格萨尔史诗传统 Gesar epic tradition	2009 年	侗族大歌 Grand song of the Dong ethnic group	2009 年
花儿 Hua'er	2009 年	柯尔克孜玛纳斯史诗 Manas	2009 年
妈祖信俗 Mazu belief and customs	2009 年	蒙古歌唱艺术——呼麦 Mongolian art of singing, Khoomei	2009 年

人类非物质文化遗产代表作名录
Representative List of the Intangible Cultural Heritage of Humanity

南音 Nanyin	2009 年	热贡艺术 Regong arts	2009 年
中国蚕桑丝织技艺 Sericulture and silk craftsmanship of China	2009 年	藏戏 Tibetan opera	2009 年
龙泉青瓷传统烧制技艺 Traditional firing technology of Longquan celadon	2009 年	传统宣纸制作工艺 Traditional handicrafts of making Xuan paper	2009 年
西安鼓乐 Xi'an wind and percussion ensemble	2009 年	粤剧 Yueju opera	2009 年
中医针灸 Acupuncture and moxibustion of traditional Chinese medicine	2010 年	中国京剧(图 4-1) Peking opera	2010 年
中国皮影戏 Chinese shadow puppetry	2011 年	中国珠算 Chinese Zhusuan，knowledge and practices of mathematical calculation through the abacus	2013 年
中国二十四节气 The Twenty-Four Solar Terms，knowledge in China of time and practices developed through observation of the sun's annual motion	2016 年		

优秀保护实践名册
Register of Good Safeguarding Practices

福建木偶戏后继人才培养计划(图 4-2) Strategy for training coming generations of Fujian puppetry practitioners	2012 年

图 4-1　京剧（来源:联合国教科文组织非物质文化遗产委员会官网）

图 4-2　福建木偶戏后继人才培养计划

（来源:联合国教科文组织非物质文化遗产委员会官网）

表 4-2 入选第一——第四批国家级非物质文化遗产代表性项目名录的

杭州市非物质文化遗产①(来源:钟玮制作)

名称	类别	申报地区或单位	公布时间
白蛇传传说	民间文学	江苏省镇江市,浙江省杭州市	2006 年 5 月 20 日
梁祝传说	民间文学	浙江省宁波市、杭州市、绍兴市上虞区,江苏省宜兴市,山东省济宁市,河南省汝南县	2006 年 5 月 20 日
余杭滚灯	传统舞蹈	浙江省杭州市余杭区	2006 年 5 月 20 日
小热昏	曲艺	浙江省杭州市	2006 年 5 月 20 日
金石篆刻(西泠印社)	传统美术	浙江省杭州市西泠印社中国艺术研究院	2006 年 5 月 20 日
竹纸制作技艺	传统技艺	四川省夹江县、浙江省杭州市富阳区	2006 年 5 月 20 日
胡庆余堂中药文化(图 4-3)	传统医药	浙江省杭州市	2006 年 5 月 20 日
古琴艺术(虞山琴派、广陵琴派、金陵琴派、梅庵琴派、浙派、诸城派、岭南派)	传统音乐	中国艺术研究院,江苏省常熟市、扬州市、南京市、南通市、镇江市,浙江省杭州市,山东省诸城市,广东省广州市,北京市大兴区,香港特别行政区	扩展项目 2008 年 6 月 7 日
江南丝竹	传统音乐	江苏省太仓市,上海市,浙江省杭州市	扩展项目 2008 年 6 月 7 日
十番音乐(闽西客家十番音乐、茶亭十番音乐、楚州十番锣鼓、邵伯锣鼓小牌子、楼塔细十番、遂昌昆曲十番、黄石惠洋十音、佛山十番、海南八音器乐)	传统音乐	福建省莆田市、龙岩市、福州市,江苏省淮安市、江都市,浙江省杭州市、遂昌县,广东省佛山市,海南省海口市	扩展项目 2008 年 6 月 7 日
滩簧(兰溪滩簧、杭州滩簧、绍兴滩簧)	曲艺	浙江省兰溪市、杭州市、绍兴市	扩展项目 2008 年 6 月 7 日

① 在"公布时间"这栏标注"扩展项目"表明杭州市所拥有的这项国家级非物质文化遗产是作为扩展项目加入到已有的国家级非物质文化遗产项目里去的。

名称	类别	申报地区或单位	公布时间
制扇技艺（王星记扇、荣昌折扇、龚扇）	传统技艺	江苏省苏州市，浙江省杭州市，重庆市荣昌县，四川省自贡市	扩展项目 2008 年 6 月 7 日
端午节（屈原故里端午习俗、西塞神舟会、汨罗江畔端午习俗、苏州端午习俗、罗店划龙船习俗、五常龙舟胜会、安海嗦啰嗹习俗）	民俗	文化部，湖北省宜昌市、秭归县、黄石市，湖南省汨罗市，江苏省苏州市，上海市宝山区，浙江省杭州市余杭区，福建省晋江市	扩展项目 2008 年 6 月 7 日
西湖传说	民间文学	浙江省杭州市	2008 年 6 月 7 日
杭州评词	曲艺	浙江省杭州市	2008 年 6 月 7 日
杭州评话	曲艺	浙江省杭州市	2008 年 6 月 7 日
独脚戏	曲艺	上海市黄浦区，浙江省杭州市	2008 年 6 月 7 日
武林调	曲艺	浙江省杭州市	2008 年 6 月 7 日
翻九楼	传统体育、游艺与杂技	浙江省杭州市、东阳市	2008 年 6 月 7 日
石雕（煤精雕刻、鸡血石雕、嘉祥石雕、掖县滑石雕刻、方城石猴、大冶石雕、菊花石雕、雷州石狗、白花石刻、安岳石刻、泽库和日寺石刻）	传统美术	辽宁省抚顺市，浙江省临安市，山东省嘉祥县、莱州市，河南省方城县，湖北省大冶市，湖南省浏阳市，广东省雷州市，四川省广元市、安岳县，青海省泽库县	2008 年 6 月 7 日
蚕丝织造技艺（余杭清水丝绵制作技艺、杭罗织造技艺、双林绫绢织造技艺、杭州织锦技艺、辑里湖丝手工制作技艺）	传统技艺	浙江省杭州市余杭区，杭州市福兴丝绸厂，湖州市，浙江省杭州市，湖州市南浔区	2008 年 6 月 7 日 后两项为扩展项目 2011 年 5 月 23 日
铜雕技艺	传统技艺	浙江省杭州市	2008 年 6 月 7 日
伞制作技艺（油纸伞制作技艺、西湖绸伞）	传统技艺	四川省泸州市江阳区，浙江省杭州市	2008 年 6 月 7 日
绿茶制作技艺（西湖龙井、婺州举岩、黄山毛峰、太平猴魁、六安瓜片）	传统技艺	浙江省杭州市、金华市，安徽省黄山市徽州区、黄山区、六安市裕安区	2008 年 6 月 7 日

续　表

名称	类别	申报地区或单位	公布时间
钱王传说	民间文学	浙江省临安市	2011 年 5 月 23 日
苏东坡传说	民间文学	浙江省杭州市，湖北省黄冈市	2011 年 5 月 23 日
淳安三角戏	传统戏剧	浙江省淳安县	2011 年 5 月 23 日
十八般武艺	传统体育、游艺与杂技	浙江省杭州市余杭区	2011 年 5 月 23 日
越窑青瓷烧制技艺	传统技艺	浙江省绍兴市上虞区、杭州市、慈溪市	2011 年 5 月 23 日
中式服装制作技艺（龙凤旗袍手工制作技艺、亨生奉帮裁缝技艺、培罗蒙奉帮裁缝技艺、振兴祥中式服装制作技艺）	传统技艺	上海市静安区、黄浦区，浙江省杭州市	2011 年 5 月 23 日
径山茶宴	民俗	浙江省杭州市余杭区	2011 年 5 月 23 日
雕版印刷技艺（杭州雕版印刷技艺、同仁刻板印刷技艺）	传统技艺	福建省连城县，浙江省杭州市西湖区，青海省同仁县	扩展项目 2011 年 5 月 23 日
中医传统制剂方法（达仁堂清宫寿桃丸传统制作技艺、定坤丹制作技艺、六神丸制作技艺、致和堂膏滋药制作技艺、季德胜蛇药制作技艺、朱养心传统膏药制作技艺、漳州片仔癀制作技艺、夏氏丹药制作技艺、马应龙眼药制作技艺、罗浮山百草油制作技艺、保滋堂保婴丹制作技艺、桐君阁传统丸剂制作技艺）	传统医药	中国中医科学院，中国中药协会，天津中新药业集团股份有限公司达仁堂制药厂，山西省太谷县，上海市黄浦区，江苏省江阴市，江苏省南通市，浙江省杭州市，福建省漳州市，湖北省京山县，湖北省武汉市武昌区，广东省博罗县，广东省医药行业协会，重庆市南岸区	扩展项目 2011 年 5 月 23 日
中医正骨疗法（武氏正骨疗法、张氏骨伤疗法、章氏骨伤疗法、林氏骨伤疗法）	传统医药	中国中医科学院，山西省高平市，浙江省富阳市，浙江省台州市，福建省福州市仓山区	扩展项目 2011 年 5 月 23 日

名称	类别	申报地区或单位	公布时间
端午节〔屈原故里端午习俗、西塞神舟会、汨罗江畔端午习俗、苏州端午习俗、罗店划龙船习俗、五常龙舟胜会、安海嗦啰嗹习俗、五大连池药泉会、嘉兴端午习俗、蒋村龙舟胜会（图4-4）、石狮端午闽台对渡习俗、大澳龙舟游涌〕	民俗	文化部,湖北省宜昌市、秭归县、黄石市,湖南省汨罗市,江苏省苏州市,上海市宝山区,浙江省杭州市余杭区,福建省晋江市,黑龙江省黑河市,浙江省嘉兴市,浙江省杭州市西湖区,福建省石狮市,香港特别行政区	五常龙舟胜会扩展项目2008年6月7日 蒋村龙舟胜会扩展项目2011年5月23日
竹马（东坝大马灯、邳州跑竹马、淳安竹马）	传统舞蹈	江苏省高淳县、邳州市,浙江省淳安县	扩展项目2014年11月11日
剪纸（蔚县剪纸、丰宁满族剪纸、中阳剪纸、医巫闾山满族剪纸、扬州剪纸、乐清细纹刻纸、广东剪纸、傣族剪纸、安塞剪纸、静乐剪纸、桐庐剪纸、浦城剪纸、水族剪纸、定西剪纸、回族剪纸）	传统美术	河北省蔚县、丰宁满族自治县,山西省中阳县,辽宁省锦州市,江苏省扬州市,浙江省乐清市,广东省佛山市、汕头市、潮州市,云南省潞西市,陕西省安塞县,山西省静乐县,浙江省桐庐县,福建省浦城县,贵州省黔南布依族苗族自治州,甘肃省定西市,宁夏回族自治区	扩展项目2014年11月11日
木版水印技艺	传统技艺	北京市荣宝斋,浙江省杭州市下城区	扩展项目2014年11月11日
中医传统制剂方法（安宫牛黄丸制作技艺、隆顺榕卫药制作技艺、益德成闻药制作技艺、京万红软膏组方与制作技艺、金牛眼药制作技艺、点舌丸制作技艺、鸿茅药酒配制技艺、平氏浸膏制作技艺、枇杷露传统制剂、老王麻子膏药制作技艺、方回春堂传统膏方制作技艺、二仙膏制作技艺、太安堂麒麟丸制作技艺、昆中药传统中药制剂、马明仁膏药制作技艺）	传统医药	中国中医科学院,中国中医协会,北京市东城区,天津市南开区,山西省太谷县,天津市南开区、红桥区、西青区,河北省定州市,山西省新绛县,内蒙古自治区凉城县,吉林省长春市九台区,黑龙江省哈尔滨市南岗区、道外区,浙江省杭州市上城区,山东省济宁市任城区,广东省汕头市,云南省昆明市,陕西省西安市碑林区	扩展项目2014年11月11日

名称	类别	申报地区或单位	公布时间
元宵节（敛巧饭习俗、九曲黄河阵灯俗、柳林盘子会、蔚县拜灯山习俗、马尾—马祖元宵节俗、泉州闹元宵习俗、闽台东石灯俗、枫亭元宵游灯习俗、闽西客家元宵节庆、永昌县卍字灯俗、九曲黄河灯俗、千军台庄户幡会、抡花、河上龙灯胜会、前童元宵行会、淄博花灯会、彬县灯山会）	民俗	文化部，北京市怀柔区、密云县，山西省柳林县，河北省蔚县，福建省福州市马尾区、泉州市、晋江市、仙游县、连城县，甘肃省永昌县，青海省乐都县，北京市门头沟区，河北省滦平县，浙江省杭州市萧山区，浙江省宁海县，山东省淄博市张店区，陕西省彬县	扩展项目 2014 年 11 月 11 日
民间信俗（千童信子节、关公信俗、石浦—富岗如意信俗、汤和信俗、保生大帝信俗、陈靖姑信俗、西王母信俗、孝子祭、潮神祭祀、三平祖师信俗、东镇沂山祭仪、贵屿双忠信俗、冼夫人信俗、钦州跳岭头、康定转山会、梅里神山祭祀、女子太阳山祭祀、屯堡抬亭子、迎城隍、岷县青苗会、同心莲花山青苗水会、黄大仙信俗、澳门哪吒信俗）	民俗	河北省盐山县，山西省运城市，河南省洛阳市，浙江省象山县，温州市龙湾区，福建省厦门市海沧区、龙海市、古田县、福州市仓山区，甘肃省泾川县，浙江省富阳市、海宁市，福建省平和县，山东省临朐县，广东省汕头市潮阳区，广东省茂名市，海南省海口市、定安县、澄迈县，广西壮族自治区钦州市，四川省康定县，云南省德钦县、西畴县，贵州省安顺市西秀区，陕西省西安市，甘肃省岷县，宁夏回族自治区同心县，香港特别行政区，澳门特别行政区	扩展项目 2014 年 11 月 11 日

图 4-3　加拿大总理哈珀在胡庆余堂国药号参观（来源：胡庆余堂国药号官网）

图 4-4　蒋村龙舟胜会（来源：浙江在线）

4.1.2 非物质文化遗产与世界遗产的关系概述

《保护世界文化和自然遗产公约》和《保护非物质文化遗产公约》的诞生相隔了30多年。从法律角度看,这两个公约在很大程度上可以说是彼此相对独立,关联度不强的。但是,从文化遗产保护和可持续发展的角度看,世界遗产与非物质文化遗产这两个概念一经产生,在理论研究和实践操作中,两者就势必发生密切的关联。对于这种关联的深刻认识与理解,是当前世界遗产工作中的重要趋势,是做好世界遗产保护与可持续发展的关键因素之一——这种关联使世界遗产的内涵得以极大的深化与扩展,并加强了世界遗产与其所在地民众在情感和文化层面的联系。

世界遗产与非物质文化遗产的紧密关系总体可分为以下两方面:

一方面,世界遗产与非物质文化遗产往往是处于一个价值体系中,相伴相生、不可分离的。世界自然遗产,尽管其侧重点在于自然内涵,但只要该遗产地内有人类在生产劳作,那就必定赋予其非物质文化遗产的内涵。以世界自然遗产"云南三江并流保护区"为例,千百年来生活在这里的怒族、独龙族等少数民族群众,以其独特的节庆仪式、传统手工艺技术等非物质文化遗产为这片雄浑壮美的遗产地增添了丰富的人文底蕴。由云南省贡山独龙族怒族自治县申报的独龙族卡雀哇节、怒族仙女节都于2006年成功入选我国第一批国家级非物质文化遗产名录。当然,世界自然遗产中也有一些遗产地是没有人类存在或者人类施加的影响微乎其微,因此不具有相关非物质文化遗产,比如埃及的瓦地—阿—希坦(鲸鱼峡谷)、丹麦的斯泰温斯陡崖、澄江化石遗址等。世界文化遗产、世界文化与自然双重遗产中的绝大多数是与非物质文化遗产相伴相生的。这两类遗产中所蕴含的文化内容归根结底是人类生产、生活的结晶,而人们在生产、生活中必然形成相应的手工技艺、风俗仪式、节庆活动以及关于自然界和宇宙的知识,凡此种种流传到今天便是宝贵的非物质文化遗产了。因此,我们可以说世界文化遗产、世界文化与自然双重遗产与非物质文化遗产的相伴相生几乎就是一个必然的、自然而然的人文现象。此类典型案例不胜枚举。世界文化遗产大运河是千百年来劳动人民生产、生活的场所,人们的活动自然而然形成相应的手工技艺、社会风俗和节庆礼仪等,流传至今便成了各级各类非物质文化遗产,比如余杭水乡木船制造技艺(浙江省级非物质文化遗产)、运河埠头建造技艺

（杭州市级非物质文化遗产）、杭州运河船民习俗（浙江省级非物质文化遗产）、网船会（国家级非物质文化遗产，图 4-5）等。世界文化遗产武当山古建筑群在数百年间曾是中国道教文化的中心，其旺盛的生命力一直延续至今。人们数百年来在这里进行的宗教活动和生产劳作自然而然地形成了富有当地特色的非物质文化遗产——武当山宫观道乐、武当武术、武当山庙会、武当神戏，这些都已被评为国家级非物质文化遗产。只有在极少数情况下，世界文化遗产、世界文化与自然双重遗产是不具有或只具有微乎其微的相关非物质文化遗产的。比如，世界文化遗产广岛和平纪念馆是由于核爆炸这个特殊事件形成的，不是人类在此长期生产、生活的结果，在这项世界遗产地，我们无法探寻到相关非物质文化遗产。

图 4-5　2015 中国江南网船会在莲泗荡开幕（来源：嘉兴文艺网）

另一方面，世界遗产与非物质文化遗产往往是相互依存，相辅相成的。世界文化遗产、世界文化与自然双重遗产与非物质文化遗产不仅仅只是同时存在的简单关系，而且是彼此不可或缺、相互提升从而形成一个具有更丰富内涵的文化整体的关系。从理论上，我们或许可以把世界文化遗产、世界文化与自然双重遗产与非物质文化遗产的概念清晰地区分开来，似乎是彼此独立的学术概念。但在实践中，当我们试图要深入理解某项世界遗产的文化价值时，如果缺失了对相关非物质文化遗产的探讨，肯定无法形成一个完整的文化视野，世界遗产从某种程度上讲就只是停留在冷冰冰的建筑层面了。世界文化遗产曲阜孔庙孔林及孔府的文化价值,不仅仅在于其重要的历史沿革和对东方建筑艺术的杰出体现,更因为它与儒家思想有着实质性的关联(图 4-6)。这种关联,我们可以在遗产地实际体验,可以在书本中探寻,还能在相应的两项国家级非物质文化遗产——祭孔大典(图 4-7)和孔府菜烹饪技艺中深切体会到。曲阜孔庙孔林及孔府是这两项国家级非物质文化遗产的"根",但这两朵"红花"也极大地有利于现在和将来的人们更亲切、更直观、更深刻地理解这项世界文化遗产的文化内涵。这两者相辅相成、相互提升,进而形成了一个更加完整、充实的文化价值系统。至于世界自然遗产,尽管非物质文化遗产并不是它被录入《世界遗产名录》的必要因素,但以当前对于世界自然遗产价值研究的新趋势、新角度而言,非物质文化遗产对自然遗产的价值也同样起到了丰富和深化的作用。

图 4-6 孔庙大成殿(来源:钟玮拍摄)

相伴相生并进一步相辅相成而提升为一个更高、更丰富的文化整体这一辩证关系,原则上对于各项世界遗产与其相关的非物质文化遗产的关系而言是普遍适用的。当这一普遍规律适用于具体遗产地时,往往会演变为具有鲜明个性特点的具体关系。这些异彩纷呈的特点不仅仅是各世界遗产地具体情况的反映,同时也是各世界遗产地申遗成功以后如何更好地完善其价值体系并进行更符合自身特点的保护和管理的金钥匙之一。当前,世界遗产学的研究正在向更深、更广的范围发展,世界遗产与非物质文化遗产

图 4-7　2016 祭孔大典（来源：齐鲁网）

的关系与其他新方向、新思路（如世界遗产与相关社区的关系、世界遗产与文化阐释的关系等）一起构成了世界遗产可持续发展的澎湃动力。

4.1.3　杭州的世界遗产与相关非物质文化遗产的关系概述

杭州所拥有的两项世界遗产与相关非物质文化遗产的关系相比其他很多世界遗产而言更加密切、互动性更强，因此在适用世界遗产与非物质文化遗产关系普遍性原则的前提下，这两处世界遗产与相关非物质文化遗产的具体关系呈现出了更加鲜明的个性特点。

杭州拥有西湖文化景观和大运河（杭州段）两项世界遗产。它们分别属于世界文化遗产中的文化景观和文化线路两个类型。在 1972 年通过的《保护世界文化和自然遗产公约》中，世界文化遗产只有纪念物、建筑群和遗址三种类型。但是，人们在随后几十年世界遗产保护工作的实践中，逐渐扩展了世界文化遗产的类型范围，至今已扩展到文化景观、文化线路、历史城镇等一批较新的类型。之所以有这样的发展，就在于人们对世界文化遗产的理解和评价逐渐从侧重物质元素的层面上升到了物质元素和文化内涵并重的层面。西湖文化景观和大运河能够成功入选《世界遗产名录》，关键就在于其顺应了世界遗产保护工作的发展潮流，深入挖掘了两者的文化价值和内涵,从而满足了文化景观和文化线路这两种世界文化遗产类型的实质性要求。

与长城、故宫、殷墟等世界文化遗产相比,西湖文化景观和大运河的文化内涵具有非常明显的个性:1)它们的文化内涵具有更多、更明显的平民化、生活化倾向,富有"人间烟火"的气息;2)千百年来它们的物质形态与文化内涵不断变化,而且文化内涵变化更大。它们的文化内涵是一直随着时代的前进而不断发展演变的——与殷墟、长城等相对静态的文化内涵不同,西湖文化景观与大运河的文化内涵是"活态"的,是一直在变化发展的。西湖文化景观和大运河的文化内涵之所以有这样的特色,从物理属性层面来说,是因为它们本身的地理位置就是坐落于"人间"的,是千百年来千千万万普通劳动者生产、生活的场所,因此普通百姓,而非帝王将相,必然是赋予它们活态文化内涵的主体;从精神层面来说,因为这两者的文化内涵是与不断发展演变的众多非物质文化遗产密切相关的。说到西湖和大运河的文化内涵,我们一定会自觉或不自觉地联想到苏东坡脍炙人口的传世佳句、岳飞慷慨悲歌的爱国情怀、许仙与白娘子动人的爱情传说、运河沿岸熙熙攘攘的元宵灯会……凡此种种鲜活的非物质文化遗产随着岁月的流逝而不断叠加和演变,于是西湖和大运河的文化内涵也随之不断动态发展。西湖和大运河与非物质文化遗产的不解之缘是强劲而又富有生机的,它们之间的关系完全体现了普遍性的原则并具有自身鲜明的个性。本章将以详细的论述和案例分析来阐释西湖和大运河与相关非物质文化遗产的关系所具有的整体性、定位性、依存性三大特点的含义和内容。

(1)整体性——两者的关系和相互作用必须要放在社会发展的整体环境中去理解、研究。

(2)定位性——非物质文化遗产在西湖、大运河这两项世界遗产的类型确认过程中起到了重要的作用。

(3)依存性——在现代社会中两者为彼此的存续、发展起到了重要作用。

对于这三大特点的研究和讨论,将有助于我们全面、系统地理解非物质文化遗产在杭州世界遗产工作中发挥的日益重要的作用。

4.2　杭州的世界遗产与相关非物质文化遗产的关系详述

4.2.1　整体性

4.2.1.1　整体性概述

现在,人们一说到世界遗产或非物质文化遗产,就往往会孤立地联想到一个一个具体的遗产项目,如大运河、宁波庆安会馆(图 4-8)、胡庆余堂中药文化、南宋官窑瓷制作技艺等,似乎它们都是彼此独立、不相关联的。但其实,这样的观察角度是肤浅的,它忽视了各类型、各层次、各历史阶段的文化遗产在它们的发生、发展过程中所必然具有的互为因果、相互渗透、一脉相承的关系,抹杀了文化遗产之间关系所内含的整体性特点,从而容易导致对各项文化遗产内涵理解的片面性和狭隘性。

展开杭州悠久的社会演进的画卷(当然,完全可以把观察的视野进一步扩大到浙江省乃至更大的范围),我们会发现今天我们所关注的各项世界遗产和非物质文化遗产正是镶嵌在这幅绵延流长的历史画卷中的一粒粒璀璨的明珠。整幅画卷由于各种文化遗产的存在而熠熠生辉,但它们也正是由于存在于这个生机勃勃的整体之中,才产生了它们的社会功能、美学价值和历史意义,并且不可避免地在它们彼此之间,它们与其他自然、人文要素之间发生千丝万缕的关系。换句话说,它们都从属于不断发展演进的社会有机体系之中,它们自身的发生、发展乃至消亡,以及它们相互之间的关系都具有整体性这一本质属性。

4.2.1.2　整体性的两层含义

杭州市拥有的世界遗产与相关非物质文化遗产关系中的整体性特点有两层含义:

第一层含义,世界遗产与相关非物质文化遗产之间、各项世界遗产之间、各项非物质文化遗产之间天然就是相互关联的,应该把它们看成是一个整体。

作为中国大运河体系中的一个重要节点,杭州是隋唐运河、京杭运河的南端终点,又是浙东运河的北端起点,这些运河在此相衔接,把江南地区丰富的物产源源不断地送往北方。浙东运河向南流淌 200 多千米到宁波镇海入海，于是中国大运河便有了宁波这个重要的入海口。宁波是当年海上丝绸之路上与泉州、广州齐名的三个最重要的贸易港口之一。在海上丝绸之路兴盛的数百年间，杭嘉湖地区生产的丝绸制品、龙泉青瓷窑生产的大量精美瓷器，就是通过海上丝绸之路、京杭运河、浙东运河及江浙地区诸多自然形成的水系向全国、全世界输出的。正是由于中国大运河的存在，丝绸之路与海上丝绸之路实现了跨越时空的联系。由于运河的相连相通，其沿线的各项文化遗产由于内在的关系而被串联了起来。比如，中国大运河（杭州段）的重要遗产点、段——凤山水城门（图 4-9）、富义仓、桥西历史街区、西兴过塘行码头、拱宸桥（图 4-10）、广济桥、江南运河吴江—嘉兴—杭州段、杭州中河—龙山河、浙东运河主线，中国大运河（绍兴段）的重要遗产点、段——浙东运河绍兴段主体、八字桥、八字桥街区、绍兴古纤道和中国大运河（宁波段）的重要遗产点、段——浙东运河上虞—余姚段、浙东运河宁波段、三江口和庆安会馆，它们都因运河而生，因运河而具有整体性的价值和意义。这些遗产点、段如果只是孤立、分散地看待至多只能说明它们自身所具有的限于局部地区的交通运输功能和历史文化价值，但如果从整体的层面去理解这些遗产点、段（如果能再延伸观察其他部分中国大运河的重要遗产点、段则内涵更丰富、层次更清晰），就能够较为充分地发现和理解中国大运河的整体价值。它沟通中国海河、黄河、淮河、长江和钱塘江五大水系的交通运输，维护国家的统一和政治稳定，促进中国社会的经济、文化、科技等多方面的发展。以宁波庆安会馆为例，孤立地看，它只是宁波城里一个商人们聚会议事的地方，而放到中国大运河的整体中去看，它则是中国大运河与海洋相通的明证，有力地说明了中国大运河整体层面所具有的海洋性特点。中国大运河在杭州与西湖相遇，它们之间在水利工程、景观规划、文化内涵、当地社区居民日常生活等诸多领域都有着密切的关系。从古至今，但凡杭州城的水利工程往往是要综合考虑两者关系的。从钱镠、苏轼，到今天的城市管理者，概莫能外。今天的西湖能如此清澈，一个重要的原因就在于西湖的"洗澡水"（从钱塘江引入）能通过中国大运河流往太湖。西湖水体的定期更新，有效地改善了西湖水质，成为西湖文化景观高水平保护与管理的重要环节之一。

图 4-8　宁波庆安会馆（来源：新浪旅游）

图 4-9　凤山水城门（来源：杭州网）

　　上述世界遗产关系的整体性特点也同样适用于杭州市的世界遗产与非物质文化遗产之间的关系。世界遗产与相关非物质文化遗产的关系有时候是非常微弱的，有时候却是非常紧密的。这种关系的紧密程度主要取决于两个因素：(1)世界遗产本身的类型属性。一般而言，世界自然遗产与非物质文化遗产的关系相对疏远些，世界文化遗产、世界文化与自然双重遗产与非物质文化遗产的关系相对紧密些。(2)在世界文化遗产、世界文化与自然双重遗产中，与人们的日常生产、生活关系紧密的遗产与非物质文化遗产的

关系则更为密切。就杭州的两项世界遗产而言,它们与非物质文化遗产的
关系是极其紧密的,可以说是几乎到了共生共荣的程度。大运河和西湖都
是与人们的日常生产、生活有着实质性关联的文化遗产,而这也正是非物质
文化遗产形成的沃土。与杭州市的两项世界遗产相关的非物质文化遗产可
以分为三类:第一类,与世界遗产本身所具有的生产功能直接相关的非物质
文化遗产。与中国大运河(杭州段)的交通运输功能直接相关的造船、造桥、
建造坝闸埠渡口等一系列运河交通设施的手工技能与传统知识就形成了多
项非物质文化遗产,如"余杭水乡木船制造技艺"(浙江省级非物质文化遗
产)和"运河埠头建造技艺"(杭州市级非物质文化遗产)等。与西湖文化景
观保护区范围内龙井茶产区龙井茶的生产工作紧密相关的手工技艺形成了

图 4-10　拱宸桥(来源:钟玮拍摄)

"西湖龙井茶采摘和制作技艺"(浙江省级和国家级非物质文化遗产,图
4-11)。第二类,在世界遗产所在地社区居民日常生活中与世界遗产密切相
关的生活习俗、民间艺术、民间文学、节庆活动的基础上形成的非物质文化
遗产。如"杭州运河船民习俗"(浙江省级非物质文化遗产,图 4-12)、"半山
泥猫习俗"(浙江省级非物质文化遗产)、"运河元宵灯会"(浙江省级非物质
文化遗产)、"水乡婚礼"(杭州市级非物质文化遗产),及其他广泛流传的大

图 4-11 炒制龙井茶（来源：中华网）

图 4-12 半山泥猫（来源：钟玮拍摄）

运河传说、船歌、水路班子、三跳书、船拳、水会等。第三类，在中国大运河和西湖为杭州所带来的便捷的交通、巨大的财富、重要的社会地位、丰富的市井生活、优雅的人文气息等多方面物质资源和精神元素的基础上形成的非物质文化遗产。这类非物质文化遗产的名称上或许不会直接出现"运河""西湖"等字眼,但其核心价值与精髓都是与西湖、中国大运河紧密相连的。第一,中国大运河为杭州地区带来了巨额的社会财富,这个因素极其重要的,但又往往会被忽视的。杭州城于公元591年(隋开皇十一年)由杨素主持修建。20年后(隋大业六年),作为国家经济大动脉的大运河便通达至杭州了。作为隋代大运河的南端终点,由此带来的财富是前所未有的。隋唐时期,杭州发展极其迅速。至唐代,杭州就已经成为全国闻名的重要商业城市了。在杭州城伴随着中国大运河和西湖的发展演变的进程中,只有在具备了富裕的经济基础之后,才会有悠闲而有文化的士大夫阶层的产生并去创作、提升今天被我们视为非物质文化遗产的戏曲、民间传说等文学艺术作品,才会有生活境况摆脱了衣食之忧的普通市民阶层去欣赏、消费这些戏曲、杂技、曲艺等精神产品,才会有以此为生的戏班、杂耍艺人、说书人等专业人群的存在,如此,才会有绵延至今的各项非物质文化遗产,如杭州滩簧、杭州评词等。在昆曲发展史上,以洪昇、李渔为代表的杭州士大夫阶层对昆曲发展演变的重要贡献更是典型的事例。第二,由于中国大运河的存在使杭州拥有的区域政治、经济中心的社会地位也是杭州拥有丰富的非物质文化遗产的重要原因之一。正因为杭州在运河体系中的重要地位,宋朝皇室才会在北宋灭亡后选择杭州作为南宋的都城。杭州也就因此必然会拥有作为首都才会有的涉及国家命运和宫廷生活的非物质文化遗产,比如岳飞传说、南宋官窑瓷制作技艺等。到了清代,杭州仍然具有重要的区域政治、经济中心的地位,康熙南巡、乾隆南巡是必然要到杭州的,相应地就会有康熙传说、乾隆传说等。第三,中国大运河为杭州带来了便利的交通,千百年来社会各阶层的人在此会集,由此带来的思想、风俗的交融与流传也为杭州带来了丰富的非物质文化遗产。杭州知味观点心传统制作技艺的发生发展、中国四大民间传说中的《梁祝传说》在杭州及沿运河地区广为流传、发展演变都是很好的说明。第四,西湖的美学价值和人文气息千百年来吸引了无数的文人雅士和普通民众来到这里并流连忘返。他们被西湖的美深深打动,由此创作了大量以西湖为主题的民间传说,同时还有意无意地将很多民间传说的内容附会到西湖、杭州,这也构成了杭州非物质文化遗产繁盛的一个重要因素。《白蛇传》内容的逐步发展演变、苏东坡传说、西湖传说等，就是很好的例证。

第二层含义，世界遗产和相关非物质文化遗产的互动关系这个"小整体"的发生、发展还应当放到一个"大整体"——杭州乃至整个中国的整幅历史发展画卷中去理解，"小整体"的发展道路和模式是与"大整体"的发展道路和模式动态统一的。隋唐时期是杭州城的初创时期，公元 611 年（隋大业六年）大运河在杭州正式建城 20 年后通到了杭州，它对于杭州的迅速发展起到了至关重要的作用。此时的西湖在杭城居民的生产、生活中已日益发挥重要的作用。在此时期，就会产生与杭州城的初创阶段相关联的非物质文化遗产，如白居易传说、钱镠传说（图 4-13）等。白居易传说中就有疏浚西湖、疏通六井等重要内容。同时，由于百姓们对白居易的爱戴，不仅口口相传有关他的故事，还把西湖上已经存在的一条堤改称白堤，尽管这条堤并非白居易主持修建。到北宋年间，由于国家对大运河的高度依赖，杭州的经济、文化进一步发展，堪称"东南第一州"，杭州的非物质文化遗产中呈现出了更为丰富多彩的文化元素，比如苏东坡传说。南宋初年，宋室南渡，杭州成为都城，南北方人口交会融合，城市的政治、经济地位极大地提高，普通民众的日常生活得到丰富。于是，南宋时期产生的非物质文化遗产就相应具有了该时期杭州社会发展阶段的特征：第一，南北文化交融产生了巨大的作用，比如浙派古琴艺术就是在此背景下产生、发展的。第二，融入了社会生活上层建筑的元素，比如南宋官窑瓷制作技艺、岳飞传说等。西湖的文化内涵中也相应融入了浓厚的爱国主义情怀。第三，融入了普通民众丰富多彩的娱乐生活的元素。两宋时期，市民的娱乐生活非常丰富。人们在瓦舍勾栏的文娱活动往往要持续到后半夜。与之相适应，迎合普通民众口味的艺术形式发展迅速，比如淘真即产生于这一时期，淘真后来逐渐演变为杭州评词。到了明清两代，中国实施全面的海禁政策，漕运的任务全部由大运河承担，大运河为杭州带来了经济的高度繁荣。这一时期，市民阶层兴起，与百姓日常生活相关的非物质文化遗产大量产生，如武林调、王星记扇制作技艺等。

今天人们所热切关注的世界遗产和非物质文化遗产当年之所以能发生、发展和兴盛，都是因为它们符合当时整体社会发展的需求，是当时先进文化、生产力水平的杰出代表，它们彼此之间也形成了相互推动、相互促进

图 4-13　钱王射潮（来源：钟玮拍摄）

的整体性关系。然而，现在不少世界遗产和非物质文化遗产已成了零碎，甚至奄奄一息的"遗产"，相互之间的整体性关联也往往断裂了，这主要是因为随着时代的发展，它们所依存的相关社会因素发生了根本性的变化，机器生产带来了生产力水平质的飞跃，人们的精神需求被纳入了全球化的洪流。但这并不能抹杀它们当初所具有的整体性内涵。今天，我们必须透过这模糊不清的表象，深刻认识到整体性是杭州市世界遗产与相关非物质文化遗产关系中的本质属性之一，这样，我们才能更好地开展世界遗产和非物质文化遗产的可持续性保护和管理工作。

4.2.1.3　整体性的具体内涵

中国大运河在近千年的时间里是整个国家的经济命脉，它直接带动了运河沿岸地区成为当时中国经济最为活跃、发达的区域。沿着这条运河，商品在流通，人员在交会，思想在融合。这为该地区各类型、各层次文化的发展和繁荣奠定了坚实的物质和思想基础。事关国运的大运河与在中国文化中占有特殊一席的西湖在杭州的邂逅，是巨大物质资源与文化资源的碰撞融合。大运河为杭州带来的便捷的交通、繁荣的经济、重要的社会地位与西湖的美丽和文化情怀共同铸就了杭州地区持续千年的社会发达和文化繁荣。今天我们所拥有的两项世界遗产与极为丰富的非物质文化遗产便是当年经济发达、文化繁荣、百姓生活富裕的缩影。

西湖最初只是个普通的潟湖，并无天造地设的美。西湖之美是由于世世代代生息于此的人们不断对它进行改造、维护和提升，从而不仅形成了秀丽的湖光山色，更赋予了它文化内涵上独特的美，由此，西湖方能作为一项具有突出的普世价值的文化景观而列入《世界遗产名录》。西湖是中国列入《世界遗产名录》的唯一一处湖泊类文化遗产。西湖文化景观的核心价值即在于数千年来人们与西湖和谐共处，对它进行合理利用、开发和保护，并进而形成了其独特的文化现象。在这个漫长的文化演进过程中，西湖不可避免地与大运河和非物质文化遗产产生关系，共同在整体社会演进的大系统中发展前进，丰富完善其文化内涵。如果没有大运河和非物质文化遗产的存在，很难想象西湖将是如何的平淡无奇。相关的这些文化遗产，有些是相对独立于西湖的，如大运河、岳飞传说等；有些是天然从属于西湖的，如各种关于西湖形成的民间传说；也有很多是与西湖伴生的，如济公传说、苏东坡传说等。凡此种种文化遗产与西湖的关系，典型地体现了整体性的特点。它们既受整体杭州人文历史发展阶段的影响，也被西湖赋予了美丽动人的色彩，但同时又内化于西湖的文化内涵中，对西湖的文化形态产生决定性的作用。

关于西湖最初的形成，善良的人们赋予了它一个美丽的传说——《明珠》，认为它是天上珍珠掉落人间而形成的。西湖形成之后，也有赖于数千年来人们对它的疏浚管理与不断的美化，这便有了白居易传说、苏东坡传说等。白居易在杭州为官三载，在西湖筑堤以引湖水灌溉农田，疏浚了李泌建成的城内六井与西湖之间的输水通道，还留下了诸多赞美西湖的诗词，如《春题湖上》《钱塘湖春行》《忆江南》等。白居易修筑的堤坝早已湮没，但杭城百姓感念其功绩，有意无意地把早已存在的白沙堤称为白堤。苏东坡两度出任杭州地方官，疏浚西湖、修筑苏堤、整治城内运河水系，还留下了《饮湖上初晴后雨》等诗歌佳作和脍炙人口的民间传说（图 4-14）。白堤、苏堤兼具实用功能和美学价值，是西湖景观形成过程中的关键性因素之一。"未能抛得杭州去，一半勾留是此湖""江南忆，最忆是杭州""欲把西湖比西子，淡妆浓抹总相宜"等著名的诗句，已经成为西湖文化精髓的一部分。

图 4-14　杭州苏东坡纪念馆(来源：相约久久网)

千百年来，西湖之所以能令人们投入如此多的热情、人力和财力加以维护和美化，一个至关重要的原因是从隋代起大运河的开通。作为大运河边最重要的城市之一，杭州城虽然是在隋代才创立的，但它的政治地位、经济发展水平得到极其快速的发展，一度成为"东南第一州"。杭州有了这样的政治、经济基础，不可能不对其生产、生活的重要水源地——西湖加以高度的重视，并进而在实用功能上再衍生发展出美学的功能。当然，西湖与大运河在杭州的水利工程上也往往是相通的。古时候，西湖之水被利用来冲刷运河在杭州城内的河道，解决泥沙淤积之害。大运河还为杭州带来了宋室南渡这一重要历史事件。宋室南渡不仅标志着中国的经济重心南移，进一步促进了杭州的繁荣，还为我们今天留下了大量的非物质文化遗产，比如岳飞传说和多种源于北方的菜肴制作技艺。岳飞传说为西湖文化增添了浓墨重彩的爱国主义内容，从此，西湖不仅温柔秀美，还具有了慷慨激昂的爱国主义情怀。

杭州越来越繁华了，西湖越来越美了，于是便吸引来了更多的文人雅士和虔诚的宗教信徒，济公传说、虎跑泉传说等应运而生，西湖文化便有了浓浓的禅意。文人们也越来越愿意把各种民间传说附会到美丽的西湖上。《梁祝传说》《白蛇传传说》等历经千余年的演变发展逐渐把故事的主要场景地放到了西湖,由此使西湖文化又增添了一抹美好爱情的内涵。寄情于山水间的文人们不仅在此吟诗作画,还在此雅聚研究起了印学。百多年前西泠印社的创始人们不会想到,他们的一片心血在西湖边演变成了一项国家级的非物质文化遗产——金石篆刻。西湖边多了一处弘扬中国传统文化的殿堂(图 4-15)。

图 4-15　西泠印社(来源:韩嫣薇拍摄)

　　西湖和大运河的存在,又引来了康熙和乾隆两位皇帝的南巡(表 4-3)。我们有理由相信,他们一路南来,既有关注河工、体察民情、维护国家统一和发展之意,一定也有为西湖美景吸引而来的因素。从康熙二十八年(1689年)起,康熙帝接连五次南巡都到了杭州。1699 年康熙帝第三次南巡时御题西湖十景四字景名,刻碑建亭,确定了西湖十景的最佳观景点,源于南宋的西湖十景由此正式获得了钦定。乾隆年间(1736—1795 年),乾隆帝六次南巡都到达杭州。乾隆十六年(1751 年)正月,41 岁的乾隆奉皇太后钮祜禄氏首次南巡。乾隆六次南巡意义重大。他把"视察民情、巡视水利与维系人心,作为南巡活动的基本内容"(唐文基、罗庆泗,2009)。乾隆时期,江南地区早已是清朝的经济重心所在,乾隆南巡时所进行的各项活动其根本目的就是在于进一步发展江南地区的经济,巩固清王朝的经济基础。"如果说,康熙南巡主要目的在于政治,乾隆南巡的主要目的则在于经济。"(唐文基、罗庆泗,2009)乾隆每次南巡基本上是过黄河后,沿大运河南下经扬州、镇江、常州、苏州、嘉兴等地最终到达杭州,在杭州一般驻跸10天左右的时间,然后折返,总计耗时在3—4个月。

这一时期,西湖得到多次疏浚治理,景观达到全盛。1751年乾隆帝题写十景诗文,刻于康熙题字碑背面。他们在杭州的行迹留下了相应的康熙传说、乾隆传说等非物质文化遗产,进一步丰富了西湖和大运河的文化内涵。

表 4-3 康熙帝、乾隆帝各六次南巡时间(来源:钟玮制作)

时间	南巡情况
康熙二十三年(1684 年)秋	康熙帝第一次南巡,到达江宁(今南京)。
康熙二十八年(1689 年)春	康熙帝第二次南巡,到达杭州
康熙三十八年(1699 年)春	康熙帝第三次南巡,到达杭州
康熙四十二年(1703 年)春	康熙帝第四次南巡,到达杭州
康熙四十四年(1705 年)春	康熙帝第五次南巡,到达杭州
康熙四十六年(1707 年)春	康熙帝第六次南巡,到达杭州
乾隆十六年(1751 年) 春	乾隆帝第一次南巡,到达杭州
乾隆二十二年(1757 年)春	乾隆帝第二次南巡,到达杭州
乾隆二十七年(1762 年)春	乾隆帝第三次南巡,到达杭州
乾隆三十年(1765 年)春	乾隆帝第四次南巡,到达杭州
乾隆四十五年(1780 年)春	乾隆帝第五次南巡,到达杭州
乾隆四十九年(1784 年)春	乾隆帝第六次南巡,到达杭州

康熙帝肯定不曾想到,他御笔亲批所最终确立的西湖十景竟然在数百年后对西湖成为世界遗产起到了重要的作用。西湖文化景观之所以能符合世界遗产评定标准中的第三条就是因为它是中国自唐宋以来逐渐形成的通过对景观的不断改进完善而创造出一系列展现人与自然完美融合的"图画"的文化传统的杰出代表性实体。这点在以下国际古迹遗址理事会咨询报告的论述中非常明确。

Criterion (iii):The West Lake landscape is an exceptional
testimony to the very specific cultural tradition of improving

landscapes to create a series of "pictures" that reflect what was seen as a perfect fusion between people and nature, a tradition that evolved in the Tang and Song dynasties and has continued its relevance to the present day. The "improved" West Lake, with its exceptional array of man-made causeways, islands, bridges, gardens, pagodas and temples, against a backdrop of the wooded hills, can be seen as an entity that manifests this tradition in an outstanding way.（The World Heritage Committee 2011：206）

　　标准 III:西湖景观是一项非常独特的文化传统的杰出见证。这一传统是通过对景观的不断改进完善来创造出一系列展现人与自然完美融合的"图画"。这一传统在唐宋两代逐步发展形成,并一直延续至今。具有独特的堤、岛、桥、园、塔、寺布局的"改良"西湖映衬于青山的怀抱中,可以被看作是能突出反映这种传统的实体。

　　当然,与西湖和大运河相关的非物质文化遗产不仅仅只是以文人雅士、帝王将相为主题的,同样也与杭城平民百姓休戚相关——或是与他们的生产、生活紧密关联,或是满足了他们精神生活的需求。时至今日,这类非物质文化遗产依然生命力旺盛。

　　西湖周围群山中盛产的龙井茶不仅产生了苏东坡与辩才和尚的有趣传说,更产生了"西湖龙井茶炒制技艺"这项国家级的非物质文化遗产,西湖文化由此注入了芬芳的茶香和隽永的茶韵。一千多年来交通便利、市井繁华的杭州城吸引了很多能工巧匠、富商巨贾来此生产经营、定居生活,由此便有了王星记扇制作技艺、西湖绸伞制作技艺(图 4-16)、胡庆余堂中药文化、张小泉剪刀制作技艺、知味观传统点心制作技艺、运河元宵灯会等一批与人们的日常生活紧密相关的非物质文化遗产。这些非物质文化遗产不仅充分满足了老百姓的生活所需,而且自身也极具艺术美感。王星记扇、西湖绸伞、都锦生织锦的图案有一大类主题便是西湖景观、运河风情。凭借着自身所具有的实用价值和艺术内涵,这些非物质文化遗产至今仍然受到广大民众的喜爱。

图 4-16 起装饰作用的西湖绸伞（来源：钟玮拍摄）

2001 年被列为联合国教科文组织"人类口述和非物质遗产代表作"之一的"百戏之祖"昆曲于 600 多年前诞生于运河沿岸最为富庶的地区之一——苏州地区。在昆曲的发展繁荣过程中，杭州也有杰出的贡献。清代康熙年间著名的戏曲作家洪昇出生于杭州一个富裕的士大夫家庭。他所写的昆曲剧本《长生殿》历时十余年。第一稿写于杭州，剧名《沉香亭》，当他沿着京杭运河北上来到北京后接受友人的中肯评价改写了部分内容，更名为《舞霓裳》，最后第三稿于 1688 年（康熙二十七年）终于完成，定名为《长生殿》。洪昇的一生，多次奔波于京杭运河的两端，历经坎坷，但这个往来奔波的过程也使得他有机会接触到京杭运河沿岸地区的风土人情，结交精通词曲音律的文人雅士，学习各学术流派，使他有足够的知识阅历和思想深度能写出不朽名著《长生殿》，该作品的传唱也于京杭运河沿岸地区盛极一时。1704 年（康熙四十三年）洪昇在兴致勃勃地观看完江宁织造曹寅组织演出的全本《长生殿》后，在乌镇边的京杭大运河上醉酒落水而死，或许也可视为洪昇的一生在难得的人生得意中悲壮地谢幕。感人至深的《梁祝传说》最早起源于浙东宁绍一带，之后由常年沿着运河工作、生活的千千万万的贩夫走卒、文人雅士等人或是口口相传，或是润色提炼，得以广泛的传播（图 4-17）。现在，《梁祝传说》的发生地是个激烈讨论的话题，在杭州—宁波—绍兴这个最为公认的区域以外，还有江苏宜兴、山东济宁、河南汝南等地也提出了自己的证据。其实，这激烈的争论是好事情，说明《梁祝传说》在当代仍然具有重要的社会、文化和经济价值，受到大家重视和喜欢。而且，这些争做梁祝故里的地方大多在运河沿岸地区，这点很显著地说明了中国大运河在文化传播方面的作用和价值。

图4-17　万松书院内梁山伯与祝英台"十八相送"场景之一的双照井（来源：钟玮拍摄）

4.2.2　定位性

4.2.2.1　定位性概述

　　西湖和大运河表面上看分别以其秀美的湖光山色和悠久的历史、沿岸众多的文物古迹而见长。其实，如果仅以此习惯性思维去规划西湖和大运河的申遗工作，两者入选《世界遗产名录》的可能性微乎其微——与西湖类似的自然景观在世界其他地方其实为数不少，而大运河沿岸文物古迹的现状实际上离《保护世界文化和自然遗产公约》及其《操作手册》期望的理想状态还是有一定距离的。西湖和大运河之所以能够顺利成为世界遗产，关键在于深入发掘了它们的文化内涵，从而精准地定位于世界文化遗产中两个于 20 世纪 90 年代逐步获得公认的较新类型——文化景观和文化线路。

简而言之,文化景观是人和自然长期和谐共处、互动,并进而共同创造的富有自然美学价值的人文杰作,比如新西兰的汤加里罗国家公园和澳大利亚的乌卢鲁国家公园。文化景观的评审以国际古迹遗址理事会为主导,同时也听取世界自然保护联盟的意见。文化景观的诞生弥补了世界遗产早期实践中逐步显现的文化与自然割裂的问题。西湖最初只是一个潟湖,在随后千百年的发展演变中,自然沼泽化与人工反沼泽化成为人与自然互动的主要脉络,西湖的功能也随之变化。西湖的可贵之处在于这条脉络没有仅仅停留在物质的层面,而是由历代文人雅士和劳动人民的共同努力把它提升到了一个极为丰富多彩而又清新高雅的精神层面,形成了一个具有普遍价值的,体现了人与自然和谐共处、互动的人文典范。

文化线路最核心的价值在于这些由于宗教、商贸、交通运输等各种不同原因形成的"路线",通过人员的往来、商品的交换、文化艺术的交流,形成了一个兼容并蓄、动态发展的文化体系,比如西班牙和法国分别于 1993 年和 1998 年申遗成功的圣地亚哥·德·孔波斯泰拉朝圣路线(西班牙段和法国段)和日本于 2004 年申遗成功的纪依山朝圣线路、圣地及周围文化景观。这种文化体系当然需要相应规模的物质元素加以体现,比如沿着运河的船埠头、水闸、仓库等,但更需要的是丰富、完整的文化内涵。每条文化线路的形成,可以说都是在千百年的使用过程中由无数人共同创造形成的,其文化内涵具有突出的交融性和活态性等特点。大运河当年是出于政治和经济目的修建并长期使用的。千百年来,人们沿着大运河出于各种目的而迁徙、流动,随之而来的就是知识、思想、信仰等的交流、碰撞并进而产生融合,形成了一个巨大的具有整体性价值的文化体系。大运河对于沿岸地区文化所带来的沟通、交融的作用真是一个当初的辛勤建造者们所没有预料到的收获。

要将西湖和大运河定位于文化景观和文化线路这两种类型,就必须抓住文化内涵这一关键点。当我们去细细体会这两者的文化内涵时,就必须完整研究与之相关的非物质文化遗产。在理论层面,专家学者早已指出文化景观、文化线路与非物质文化遗产的密切关系。1999 年 5 月国际古迹遗址理事会在西班牙伊比扎召开了"关于文化线路的研究方法、界定和操作"

的国际会议,并通过了《最后宣言》,明确指出"文化线路必须具有可以体现遗产价值及它们存在的实质性确认的物质要素。非物质要素则赋予构成遗产整体的各个成分以内涵与意义"(ICOMOS 1999:1)。"通过这次会议的召开,学者们普遍认为非物质要素是文化线路的必要组成部分。当文化线路的物质要素消失时,非物质要素可以成为见证线路存在的重要证据。"(周剑虹,2013)在实际感受层面,两者与非物质文化遗产的紧密关系也是显而易见的。游人们行走在西湖边,无论试图从哪个角度去理解西湖的美,都或多或少要联系到白蛇传说、苏东坡传说、岳飞传说等相关的非物质文化遗产,四周的亭台楼阁、湖光山色也因此而显得与众不同。对于大运河而言,非物质文化遗产对于其文化价值的阐释则显得尤其重要。大运河沿岸的相关物质要素已经大量消失,急需非物质文化遗产来作为该文化线路存在并具有普遍价值的证据。在杭州市丰富的非物质文化遗产中,有大量的非物质文化遗产与大运河(杭州段)是相关的,比如木船制造技艺(余杭水乡木船制造技艺)、杭州运河船民习俗、古琴艺术(浙派古琴)等。它们与大运河(杭州段)的关系是多维度、多层次的,能够充分体现大运河(杭州段)这条文化线路丰富的文化内涵与各项关键的特性。

4.2.2.2　定位性的典型案例

仔细研究与西湖、大运河相关的非物质文化遗产,我们欣喜地发现,尽管很多非物质文化遗产本身的名称中并不直接出现"西湖""大运河"等相关字眼,但通过深入探讨这些非物质文化遗产形成、发展的脉络,我们发现大量的非物质文化遗产能够提供很明确的信息来说明西湖、大运河这两个文化体系具有突出的交融性、活态性等特点,从而将它们明确地定位为文化景观和文化线路这两个世界文化遗产的较新类型,起到了定位性的作用。以下是几项根据确切的史料能够确定其体现文化交融性、活态性的非物质文化遗产典型案例。

(一)古琴艺术(浙派)

2003 年 11 月,中国古琴艺术入选联合国教科文组织公布的第二批《人类口述和非物质遗产代表作名录》。浙派古琴艺术是我国最古老的一个古琴流派,以其在中国琴艺发展史上的重要地位,于 2008 年 6 月作为扩展项目列入《第一批国家级非物质文化遗产名录》中的"古琴艺术",并于 2010 年作为"中国古琴艺术"的扩展项目被列入《人类非物质文化遗产代表作名录》①(图 4-18)。

浙派古琴起源于南宋,创始人是南宋时期的著名琴家郭沔(1190—1260年,浙江永嘉人),字楚望。他以自己高超的艺术造诣和对国家社稷的深切关注,创作了《潇湘水云》《泛沧浪》《秋鸿》等传世名曲,也为浙派琴艺的形成奠定了坚实的基础。

图 4-18　浙派古琴传承人徐君跃(来源:中国新闻网)

浙派古琴以其起源典型地体现了大运河作为文化线路所具有的交融性特点。靖康之难(1126—1127 年)后,开封人口大量南迁,"其南迁的路线最主要的有两条:随高宗南渡的是从水路或陆路沿汴河经陈留、雍丘(今河南杞县)、襄邑(今河南睢县)、宁陵、应天(今河南商丘)、永城、宿州(今安徽宿州市)、泗州、楚州(今江苏淮安市)、扬州、镇江到达江南地区;随开封溃兵逃往西南的是经尉氏、颍昌(今河南许昌市)、襄城、叶县、方城、唐州(今河南唐河)到达荆襄地区。由于江南地区经济发达,而且是皇帝驻跸之地,开封的

---

①　联合国教科文组织于 2001 年公布了第一批《人类口述和非物质遗产代表作名录》,随后于 2003 年、2005 年又公布了第二批和第三批。2008 年联合国教科文组织设立了《人类非物质文化遗产代表作名录》以代替《人类口述和非物质遗产代表作名录》。

人口主要是迁移到这一地区"(吴涛,1999)。上文所提到的汴河,就是隋朝修建的通济渠,在唐代中期后逐渐被称为汴河,在唐、北宋两代被视为国家的命脉,在宋室南渡后被废弃。在北宋时期,"汴河每年运送漕粮达五六百万石,最高年份更高达七八百万石之多"(刘继刚,2012)。从靖康之难中开封人口南迁的具体线路可以看出,他们主要就是沿着大运河的汴河(现已湮没)、淮扬运河(现称里运河)、江南运河到达江南地区,主要是临安(今杭州)。据统计,"临安移民的 76% 来自今河南,其中绝大多数又来自开封,大多是在南宋初年随高宗迁入的"(吴松弟,1994)。在南宋初年,大量的北方移民沿着大运河来到浙江地区,尤其是临安。在这个过程中,北方大量的琴艺人才就在这一地区定居下来,形成了一些稳定的琴人团体,产生了很多经典的琴谱和琴艺理论。北方琴人集聚所带来的琴艺的繁荣为浙派古琴的发生、发展提供了极好的契机与基础。在此基础之上,几位关键性人物的出现最终促成了浙派古琴艺术的诞生。

南宋名相韩侂胄(1152—1207 年)是北宋名臣韩琦的曾孙,他于宋宁宗庆元元年(1195 年)开始了长达十三年的专权,集军政大权于一身。他不仅是一个主张北伐抗金的政治强人,同时也颇为喜爱琴艺。他于 1207 年被杀后,他家祖传的大量琴谱都由其生前亲信光禄大夫张岩保存了下来。张岩非常热爱琴艺,对琴谱颇有研究,曾整理编订《琴操谱》十五卷、《调谱》四卷等。郭沔是张岩的门客,两人经常交流琴艺,合作整理古代琴谱以及民间流传的琴曲。张岩受韩侂胄被杀的影响而受牵连后,心灰意冷,便将琴谱等都交给了郭沔。郭沔在学习、吸收所获得的珍贵琴谱的同时,还创作了很多脱胎于楚汉旧声的"调曲",从而形成了浙派古琴艺术诞生所需要的曲目基础。郭沔以后几代师徒相传,浙派得到了很大的发展,从南宋中后期兴起到明中后期臻于鼎盛,其间涌现出了许多杰出的琴家,如刘志方(1171—1240 年,浙江天台人)、毛逊(生卒年不详,浙江衢州人)、徐宇等,形成了一个独具风格的七弦琴流派,后人称浙派。浙派在这四百多年间风行天下,一度占据了琴界的统治地位,给后世留下了许多宝贵的琴谱和琴论,如《紫霞洞谱》《渔歌》《山居吟》等(何平,2014)。

浙派古琴艺术的发生、发展是大运河作为一项文化线路遗产带来了文化的交流、交融的有力证据。在北宋末年,北方的战乱迫使大量的北方人口沿着大运河往江南地区迁徙,他们的到来为琴艺在浙江地区的发展提供了充分的条件——充分的群众基础和较为先进的琴艺技艺和理论。而且,他们所带来的琴艺又进一步被浙江当地人士消化吸收、交融提升,并最终衍生出了新的琴艺流派——浙派。

(二) 南宋官窑瓷制作技艺

由朝廷下令专门设置官窑的做法最早可以追溯到北宋末年宋徽宗年间。根据南宋文人叶寘《坦斋笔衡》的记载:"本朝以定州白瓷器有芒,不堪用,遂命汝州造青窑器。故河北唐、邓、耀州悉有之,汝窑为魁;江南则处州龙泉县窑,质粗颇厚。政和间,京师自置窑烧造,名曰官窑。"(转引自李辉柄,2008)尽管专家学者们对于北宋官窑的具体位置等问题仍然有一定的争议,但北宋官窑本身客观存在过这一历史事实还是得到了绝大多数专家学者的承认的。

靖康之变后,宋皇室及大量的北方汉族人口沿大运河往江南地区迁徙。在临安安顿下来后,由于南宋宫廷日常生活和礼仪祭祀对瓷器的需求巨大,于是在绍兴十三年开始在临安陆续设立修内司窑和郊坛下窑两个官窑专门烧制宫廷用瓷器。南宋文人叶寘的《坦斋笔衡》和顾文荐的《负暄杂录》都有相关记载。如顾文荐在《负暄杂录》中记述如下:"宣政间京师自置烧造,名曰官窑。中兴渡江,有邵成章提举后苑,号邵局,袭徽宗遗制,置窑于修内司,造青器,名内窑。澄泥为范,极其精致,油色莹彻,为世所珍。后郊下别立新窑,亦曰官窑,比旧窑大不侔矣。"(转引自叶国珍等,2012)南宋官窑的基本特征是延续了北宋官汝窑的烧制工艺和瓷器风格,但也有所突破。南迁的大量北方优秀工匠带来了官汝窑的烧瓷工艺,并与临安当地工匠交流结合,利用当地的自然条件加以改进创新,烧制出了修内司官窑和郊坛下官窑两种官窑瓷器。这两种官窑瓷器在造型上与北宋官汝窑风格相似:胎薄、釉厚、釉色深沉晶莹。在烧造工艺上,虽多用当时北方流行的支烧法,但也根据实际需要,兼用垫饼烧法(李辉柄,2008)。

"严格说南宋官窑瓷器的特征,既不同于北宋官汝窑器物,又有别于南方的越窑与龙泉窑器物,而是在特殊情况下,融合南北技术所烧制的产物。"(李辉柄,2008)南宋官窑瓷制作技艺在杭州的发生、发展是大运河作为一项文化线路遗产带来了沿岸地区文化交流、交融的明证。这项非物质文化遗产是在特定历史条件下,以大运河这条文化线路为纽带,南北方的制瓷工艺交流融合并结合江南的自然条件形成的文化结晶(图4-19)。

图 4-19 南宋官窑遗址——郊坛下窑（来源：杭州南宋官窑博物馆官网）

(三)杭帮菜烹饪技艺、杭州知味观点心传统制作技艺

杭帮菜肇始于南宋,"宋室南迁对杭菜的形成有着决定性的影响"(卢荫衔,2005)。大量北方民众来到杭州,带来了北方精湛的烹饪技艺(比如北宋宫廷菜肴就由此传入了杭州民间,成为杭帮菜的一个亮点),与杭州本地厨艺相融合,并灵活地利用了江浙地区丰富的食材,创造出了颇具特色的杭帮菜。作为南宋的都城,餐饮文化盛极一时,对后世的影响极其深远。杭帮菜中的好多传统名菜都有源于南宋的传说。而且,作为大运河在南方的一个重要节点,千百年来南来北往经过此地的名人雅士、富商大贾、贩夫走卒无以计数,他们也都以各种方式促进了杭帮菜的发展,比如乾隆皇帝数次南巡来到杭州后留下的许多妙趣横生的微服私访的民间传说就造就了杭帮菜中好几道知名菜肴。《杭州传统名菜名点》一书中有关以下几道菜肴的传说,很好地印证了杭帮菜的起源和发展。(董顺翔,2013)

(1)八宝童鸡。相传这道菜源于北宋汴梁,是正宗的北宋宫廷菜。北宋末年,大批中原百姓逃难到临安。其中,一个北宋宫廷的老御厨贫病交加,昏倒在临安最大的酒楼"丰乐楼"门口。酒楼的老板心地善良,和伙计们一

起照顾老人直至康复，老人非常感激，就把几代御厨总结的菜谱赠送给了老板。"丰乐楼"随即推出了"八宝童鸡"等宫廷菜式，一时广受欢迎。

（2）糟烩鞭笋。相传北宋大诗人苏东坡出任杭州刺史时，经常到孤山的广元寺拜访。在交流中，他把自己的"食笋经"传授给了喜食笋，但又不善烹饪的僧人们。僧人们按此方法，用嫩鞭笋加上香糟，经过煸、炒、烩等步骤制成了一道可口的糟烩鞭笋。这道菜经后世厨师的加工改进，变成了一道流传广泛的传统时令菜。

（3）干炸响铃。相传南宋初年，抗金名将韩世忠经常骑着一匹带着响铃的毛驴游览西湖山水以排解内心对于朝政黑暗的苦闷。一天，他慕名来到一家酒楼想吃招牌菜——油炸豆腐皮。但豆腐皮正巧用完。韩世忠听完，立即骑上毛驴，亲自去将豆腐皮取来。当酒楼的厨师得知骑着毛驴亲自去拿豆腐皮的竟是抗金名将韩世忠后，非常感动，特地将豆腐皮做成响铃状，以此来表达对他的敬佩。这道菜从此便被取名为"干炸响铃"。

（4）鱼头豆腐。鱼头豆腐的来历据说和乾隆下江南有关。传说乾隆第一次下江南时，曾微服私访游览吴山。中午不巧碰到下雨，又冷又饿，躲入平民王小二家中。王小二热情款待，拿出家中仅有的一块豆腐、半个鱼头炖了一锅热气腾腾的鱼头豆腐，乾隆吃后赞不绝口。乾隆第二次下江南来到杭州时，特地赐予银两帮助王小二在吴山脚下开办"皇饭儿"饭店，以鱼头豆腐等菜肴为特色。

（5）百果油包。百果油包的产生相传也是与乾隆下江南有关。据传乾隆十六年，乾隆奉皇太后首次南巡，抵达杭州后，皇太后遍尝江南小吃。聪明的御厨在北方油酥面点的基础之上，加上江南特有的瓜果干制成一道果香扑鼻的白面包子，深受皇太后的喜欢。这道面点后来从宫中流传到民间，成了杭州的一道知名点心。

（6）东坡肉。北宋元祐四年（1089年），苏东坡任龙图阁学士知杭州，第二次来到杭州。他见到西湖里野草疯长，湖水逐渐干涸，一副衰败淤塞的景象，非常痛心。他于第二年奏请朝廷批准后，率领民工疏浚西湖，铲除野草，兴建了"三潭印月"和"苏堤"，既美化了西湖，又使西湖恢复了蓄水、灌溉等实用功能。老百姓为感谢苏东坡疏浚西湖，在春节时送了大量的猪肉和黄酒到他府上。苏东坡命家厨把肉烧好了送到工地上与大家一起分享。家厨碰巧把猪肉和黄酒一起烧了，结果烧制出来的红烧肉特别酥香，味美、肥而不腻,受到大家的称赞。于是人们便以苏东坡的名字来命名这种红烧肉,称之为"东坡肉"。

杭州知味观点心传统制作技艺是以南宋传统点心制作技艺的精华为基础,历经后世传承和发扬光大,进而独树一帜。"知味观杭帮点心传统制作技艺完全依靠手工操作,工序技艺烦琐而精致,有和、揉、压、搓、摁、挤、切、卷、包、折、雕等几十道工序,基本掌握了南宋点心制作技艺的精华……是我国传统饮食文化制作技艺的重要组成部分,为我国南派点心传统制作技艺的杰出代表。"(杭州市非物质文化遗产网,2013)以猫耳朵为例——相传乾隆某次南巡到杭州时,微服私访,雇了艘民间小船游览西湖。游览途中下起了大雨,只好来到一个桥洞躲避。又冷又饿的乾隆忍不住向老船家要吃食。老船家的孙女为乾隆做了碗颇有特色的面疙瘩,放了几只虾,还把一个个面片捻成了小猫耳朵的样子。乾隆吃完这碗热腾腾的面疙瘩,觉得里面的面片又糯又韧,十分可口,就问这是什么,小姑娘顺口答道是"猫耳朵"。乾隆回京后,也让御厨照样制作,自此,便有了这道宫廷名点(董顺翔,2013)。

4.2.2.3　小结

以上这些与西湖、大运河有关的非物质文化遗产,从不同角度、不同层面说明了西湖、大运河属于文化景观、文化线路所必须具有的特性,对于西湖和大运河的类型定位发挥了很重要的作用。其实,在与这两个世界遗产相关的不胜枚举的非物质文化遗产中有很多项目都能说明这两者的特性,本文只是列举了其中几个典型案例。换个角度来看问题,文化景观、文化线路这些类型的世界遗产所具有的"交融性""活态性"等特点,其实就是在它们自身的不断发展中,带动甚至迫使自身的文化内涵不断动态发展(比如相关的非物质文化遗产)。如果与之相适应则能生存、发展,如果跟不上遗产地其他文化成分发展的步伐,在漫长的发展进程中就会被淘汰。所以,或许可以这样说,但凡现在生存下来的相关非物质文化遗产其实都是适应并体现了世界遗产的这两个特性。

4.2.3　依存性

4.2.3.1　依存性概述

千百年来,大量的非物质文化遗产与西湖、大运河相伴相生,它们来源于生活，又反哺于芸芸众生的生活——或使之更加便捷，或使之更加愉悦。在相当长一段时期内，与西湖、大运河相关的非物质文化遗产是具有时代先进性的，对社会生活的政治、经济、文化等各方面都产生了巨大而深远的影响。但斗转星移，它们现在都已冠上了"遗产"的头衔，是否已经落伍？是否已经奄奄一息以待外力拯救？在当下和未来它们还将相生相伴吗？

西湖、大运河已经成了世界遗产。在文化遗产日益受到重视的今天，这是块世界级的金字招牌，越来越受到全社会的热捧。最近这百多年来，西湖一直不曾寂寞过，文人雅士多有创作相关的文学艺术作品。但大运河的命运却是起伏跌宕。大运河曾是国家的命脉，但天灾人祸之下其北方部分竟至于断航，随着漕运制度的最终废除，大运河的地位一落千丈。大运河在济宁以南河段仍然可以通航，但环境污染、文物破坏等问题日益严重。幸运的是，在社会各界的支持下，2005年12月，"运河三老"郑孝燮、罗哲文和朱炳仁一起发表了一封名为"关于加快京杭大运河遗产保护和'申遗'工作的信"的公开信，向京杭大运河沿岸18个城市的市长发出呼吁，建议立即以创新的思路，通过申报世界遗产，对大运河加以综合保护与利用。这封信得到了北京、杭州和扬州等城市有关方面的积极回应。2006年全国政协十届四次会议上，58位全国政协委员联名提案，发起大运河保护和申遗专项考察活动。2006年5月，京杭大运河成为全国重点文物保护单位。随之，"中国大运河"正式列入了我国申报世界遗产的预备名单，并于2014年成功入选《世界遗产名录》。在社会各界的共同努力下，大运河算是苦尽甘来了。今天，西湖和大运河已经成了世界遗产，受到了全社会的充分重视，在政府管理水平、社会重视程度、配套资金等方面都在与时俱进，形势喜人。但是，西湖和大运河也有一些问题是迫切需要思考对策的：(1)西湖是文化景观遗产，大运河是文化线路遗产，两者的核心价值在于文化。但在当下，文化既是个热闹的话题，也是众说纷纭的话题。笔者认为，西湖和大运河的文化价值的关键在于它们不是高高在上的精英文化，而是雅俗共赏、属于社会各阶层的全民文化，与大众的日常生活紧密相关。但现在的问题在于，大众往往只能简单地赞叹西湖和大运河的伟大，却很难真正理解、体验到两者的文化内涵，尤其是传统文化部分，或许是宣传教育的不足，或许是生活节奏太过匆忙，或许是外来文化冲击过于猛烈；(2)现在各地都很重视文化遗产的保护和修复，但所采取的措施不免有些雷同。比如，大运河沿岸恢复、修建了不少历史街区,杭州有桥西历史街区、小河直街历史街区,无锡有清名桥历史文化街区,苏州有平江路历史街区(图 4-20),等等。当初,由于地方风俗和建造时期的不同,这些地方的风貌是有所不同的,但今天重新修复后,却发现在建筑风格、经营业态、文化内涵等方面都有雷同之处。于是就形成了一个新课题——当前各地的文化遗产保护和修复工作中如何更好地尊重原真性,保持各自原有的特色。西湖和大运河的保护和管理中遇到的这些情况,最好的解决方法便是真正做好相关的文化工作,而这其中最重要的一点便是做好相应的非物质文化遗产的保护和弘扬工作。

图 4-20　苏州平江路历史街区(来源:平江路网)

百多年来,由于时代的变迁,很多非物质文化遗产每况愈下。幸得最近二三十年来国际、国内重视程度日益提高,很多非物质文化遗产才渐渐恢复了生机。我国目前已建立了从中央到地方完整的非物质文化遗产保护和管理体系,投入了大量资金,着力选拔、培养了一大批非物质文化遗产传承人,其重视程度是空前的。在国家的大力扶持下,非物质文化遗产呈现出了复苏、发展的大好局面。但是,我们也应该清醒地认识到,非物质文化遗产要实现真正的自主生存和发展,必须找准自己的时代定位。这些宝贵的非物质文化遗产当年之所以产生、发展和繁荣,关键在于它们找准了时代定位,与当时的社会生活紧密结合——或是满足了人们日常生产、生活的实际需求,或是满足了人们对情感的渴望,或是满足了人们对于娱乐休闲的向往,不一而足。但当前的客观现实是非物质文化遗产似乎与现代社会生活正渐行渐远,大量非物质文化遗产生存、发展所需的社会条件都已改变了,"皮之不存,毛将焉附"? 习惯了 3D 大片震撼效果的年轻人,如何让他们再能安坐台下仔细品味杭州评词的表演? 更何况他们对表演涉及的相关历史典故也知之甚少。习惯了办公、居家场所出入都有空调和电扇的人们,为什么还要购买王星记扇子? 非物质文化遗产当初的产生、发展和繁荣,都是因为适应了社会和时代需求,没有哪个是纯粹的阳春白雪,完全依靠社会扶持的。在今天这个科学技术条件和人文心理状况都有很大变化的年代,非物质文化遗产要生存与发展,不能光靠国家不计成本的投入,必须在这个时代找到一个属于自己的切入口,哪怕是一个相对较小的细分人群或是社会需求,那也就有生存发展的空间了。其实,很多有识之士已经做了大量的探索。2004年,由著名作家白先勇主持制作,海峡两岸暨香港、澳门艺术家携手打造的青春版《牡丹亭》开始在世界巡演,给昆曲这门古老的艺术带来了青春的喜悦和发展的希望。青春版《牡丹亭》在各大高校巡演时,获得了广大师生的热烈反响。在杭州南宋御街的御乐堂饭店(图 4-21),周末可以享有包含有体验版《牡丹亭》的餐饮套餐,价格从 580 元/位起。在苏州耦园里,专门辟了一间房间作为苏州评弹的演出场所(图 4-22),演出一曲的价格为几十元不等(图 4-23)。各种各样的探索尝试仍在不断进行中。从这些尝试中,我们不难发现一大类尝试日益成熟、成功——与世界遗产地相结合,或是利用其场地,或是利用其文化内涵,或是利用其人气。

图 4-21 杭州南宋御街上的御乐堂(来源:钟玮拍摄)

图 4-22 苏州耦园里苏州评弹的演出场所(来源:钟玮拍摄)

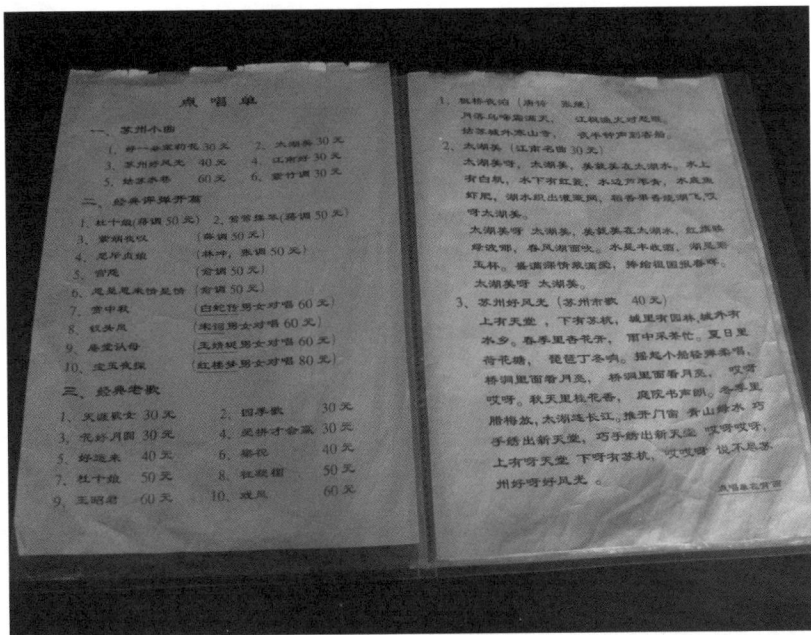

图 4-23 苏州耦园里苏州评弹的演出价目表（来源：钟玮拍摄）

4.2.3.2 依存性的具体内涵

　　世界遗产与非物质文化遗产的结合，相互依存、共同发展，是不少文化遗产工作者探索出的一条行之有效的保护和利用道路——当然，我们也不否认别的保护、发展的道路的存在与有效性。就杭州而言，非物质文化遗产与世界遗产的关系中，也具有非常明显的相互依存的特点。

　　西湖、大运河与非物质文化遗产的相互依存本身就有悠久的传统，在新时期，更要继承、发扬光大。西湖和大运河是闻名遐迩的，每年都有数以百万计的游客来此参观游览。但现在我们希望能有更多的游客来到杭州，停留更多的时间，进行更多的消费。要实现这个目标，在完善各项软硬件设施的同时，不断丰富、深化西湖与大运河的文化内涵是极其重要的一个环节。其中非物质文化遗产可以发挥巨大的作用。非物质文化遗产可以被演绎为各种文学艺术作品。通过各种媒介的传播以达到几乎是无穷多的受众，且这个作用力是持久的。西湖和大运河在这些文学艺术作品中不断出现，无形中起到了很好的宣传作用，这种作用往往比世界遗产单纯做商业广告的效果要好很多。

《梁祝传说》已经衍生出了脍炙人口的梁祝文化,包含舞蹈、戏曲、杂技、民间工艺美术、散文、诗歌等多种文学艺术形式。当人们在品味梁祝文化时,一定会被在西湖边发生的三载同窗、十八相送等重要情节所深深感染,无形中就让他们感受到了西湖的美好和浪漫,培养了一种若隐若现的向往。"在中国上百个剧种中,几乎都有与梁祝相关的剧目……这么多剧种涉及同一题材,恐怕是中国戏剧史上绝无仅有的。"(周静书,2009)这些戏曲剧目中,由越剧大师袁雪芬、范瑞娟主演的经典越剧《梁山伯与祝英台》是最为著名的。备受世人推崇的小提琴协奏曲《梁祝》于 1959 年一经诞生便一举走红,享誉海内外(图 4-24)。2007 年我国成功发射首颗绕月人造卫星"嫦娥一号"。为了歌颂伟大的祖国,振奋民族精神,弘扬中华传统文化,卫星到达绕月轨道后,于距离地球 38 万公里以外的太空向地球播放经过公众投票选出的 30 首歌曲,其中就有小提琴协奏曲《梁祝》。《梁祝传说》不仅在中国家喻户晓,它自唐宋以来就通过各种文学艺术形式向周边国家及更远的地区传播。《梁祝传说》在唐宋时期首先传入高丽王国,19 世纪传入印度尼西亚。印度尼西亚还把它列为"世界四大著名爱情悲剧"之一。在越南,《梁祝》也很受欢迎,有电影、歌剧等多种艺术形态。在日本,《梁祝传说》也广为传播。日本著名小提琴演奏家西崎崇子被誉为"日本的祝英台"。她从 20 世纪 70 年代开始演奏小提琴协奏曲《梁祝》,并将其改编成《蝴蝶爱情曲》(周静书,2009)。

《白蛇传传说》也是中国四大民间传说之一,其主题思想是反映市民阶层反对封建礼教和追求婚姻自主,在国内外流传甚广。《白蛇传传说》的故事内容涉及峨眉山、镇江、杭州等地,但其中最动人的情节发生在西湖周边,如游湖借伞、断桥相会、端阳惊变、白娘子永镇雷峰塔等。读到这些情节,莫不使人对断桥充满了浪漫的遐想,对倒而复建的雷峰塔充满好奇。《白蛇传传说》的文学艺术表现形式多种多样,如传说故事、歌曲、曲艺、谚语、戏曲、电影、舞蹈,等等。在国外,《白蛇传传说》也流传广泛,如朝鲜(图 4-25)、澳大利亚(图 4-26)、列支敦士登等国都发行过《白蛇传》的邮票。

西湖龙井茶采摘和制作技艺是与西湖紧密相关的一项国家级非物质文化遗产。这项非物质文化遗产不仅为我们带来了上好的龙井茶,同时也衍生出了涉及龙井茶和采摘制作技艺的脍炙人口的文学艺术作品。这些文学艺术作品广泛流传于国内外,为龙井茶和西湖赢得了巨大的声誉和关注。

图 4-24　小提琴协奏曲《梁祝》CD（来源：钟玮拍摄）

图 4-25　朝鲜邮票《白蛇传》（来源：钟玮拍摄）

图 4-26　澳大利亚邮票《白蛇传》（来源：钟玮拍摄）

20 世纪 50 年代著名作家陈学昭通过亲自在龙井茶产区体验生活，写出了反映茶农生活的著名长篇小说《春茶》。20 世纪五六十年代，著名音乐家周大风也在温州泰顺、杭州梅家坞等产茶区体验生活，写出了反映茶区生产及茶农生活的民歌《采茶舞曲》，后又改编为舞蹈。《采茶舞曲》保持了民间采茶歌舞的基本风格，曲调欢快、轻松、热烈，因而广受传唱。《采茶舞曲》获得了周总理对该曲目的多次关怀，再加上作者自己的努力，作品日臻完善。1987 年，《采茶舞曲》被联合国教科文组织作为亚太地区优秀民族歌舞保存起来，这是中国历代茶歌茶舞获得的最高荣誉。著名作家王旭烽从 1990 年开始，用了整整 10 年时间完成了《茶人三部曲》。作品通过描写杭州一个茶叶世家的兴衰沉浮，勾画出近现代史上中国茶人的命运长卷。作品获得了广泛好评，荣获第五届茅盾文学奖。与龙井茶采摘和制作技艺这项非物质文化遗产相关的文学作品中还有乾隆皇帝的不少诗篇。他六下江南，四次来到龙井茶区观看茶叶采制、品茶赋诗，还把胡公庙前的十八棵茶树封为"御茶"。乾隆曾经写过 32 首诗来抒发他对于龙井茶产区的情感，比如"云栖已有洗心亭，龙井复传涤心沼。涤之洗之名太纷，不及无心自了了"等。乾隆皇帝的诗歌或许不能说是千古绝唱，但他对龙井茶的极力推崇对龙井茶名茶地位的确立起了重要作用。到民国年间，龙井茶即已列中国名茶之首了。

非物质文化遗产及其所衍生的文学艺术作品赋予了相关世界遗产以深

邃的文化内涵和动人的情感,并在时间和空间上极大地扩大了它们的影响力。西湖和大运河属于文化遗产,是深邃的文化内涵、动人的情感和美好的景观的有机结合,缺一不可。西湖山水是美丽的,其中第一层含义是说它山清水秀、风光旖旎,是物质的美;第二层含义是说西湖景观之美主要在于它体现了东方传统园林景观的设计之美,它体现了千百年来人们从实用和审美相结合的角度出发,对其加以精心规划设计,从而形成了今天"三面云山一面城"的整体布局和"两堤三岛"的内部结构。这是在物质美的基础上增添了人类对自身的生存和发展的需求加以合理规划和美学追求的创造性探索的文化内涵;第三层含义则完全是针对文化内涵和情感的美。走过断桥,人们马上联想到许仙和白娘子在此相会;来到孤山,在西泠印社精致的庭院中流连,人们立即感受到中国金石篆刻艺术的博大精深;进入岳庙,尽忠报国的爱国主义气息马上使人精神为之一振;探访龙井,在品茗论道中,人们不经意间会聊起苏东坡与诗僧辩才的趣闻或是乾隆在龙井的足迹。优美深邃、潇洒飘逸的文化内涵和情感是西湖文化景观的核心要素和点睛之笔,是它最令人难忘的美。这一切的美的孕育都是与非物质文化遗产及其衍生文学艺术作品分不开的。而且,非物质文化遗产及其衍生文学艺术作品在时间和空间上极大地扩展了西湖和大运河的影响力、吸引力。非物质文化遗产及其文学艺术作品自身都有一个发展演变的过程,随着时代的前进而不断去掉糟粕变得更为美好。这其中便体现了人类进步性在时间上的积累。同时,非物质文化遗产及其文学艺术作品往往体现了过去某个历史阶段的人文情怀,这样就有助于将世界遗产在各个历史时期的面貌向当代的人们展示,使世界遗产的面貌呈现出历史的连贯性和深厚性。非物质文化遗产及其相关的文学艺术作品具有跨民族、跨地区的影响力和感染力,普世的文学艺术之美使各民族、各国家的人都能通过这些文学艺术作品被西湖和大运河所吸引。

非物质文化遗产对世界遗产起到了巨大的推动作用。同样,世界遗产也对非物质文化遗产的产生、发展和繁荣起到了巨大的作用。首先,世界遗产为相关的非物质文化遗产的产生、发展提供了基础。非物质文化遗产的产生往往需要一个合适的地理区域。比如,《白蛇传传说》的发生附会在西湖之滨,西湖的美自然而然地增加了《白蛇传传说》所歌颂的爱情之美,而且西湖的盛名也有助于《白蛇传传说》被人们所熟记。《白蛇传传说》附会在西湖,也为它打下了将之口口相传的人气基础——住在西湖周边并喜爱这个传说故事的人。由此,这个传说才能逐渐通过口口相传传播开来。第二,世界遗产为非物质文化遗产在当代建立了与普通人群密切联系的桥梁。断桥时刻提醒着人们许仙与白娘子在此相会;桥西历史街区中的诸多老字号国药馆给了人们与中药中医亲密接触的机会(图 4-27);桥西历史街区旁边的中国扇博物馆(图 4-28)、刀剪剑博物馆、手工艺活态展示馆等的存在提供了人们了解这些非物质文化遗产的途径,对扩大这些非物质文化遗产的影响力起到了极大的作用——桥西历史街区是大运河申遗的重要点段之一,它每年所能吸引来的千千万万游客为这些博物馆集聚了极旺的人气。哪怕就是人们匆匆路过这些博物馆,只远观了博物馆的馆舍馆名,那也能使人们猛然间想起这些在现实生活中离我们越来越远的非物质文化遗产。更何况,现在越来越多的游客在游览桥西历史街区的同时也会兴致勃勃地主动进入这些博物馆参观了。

图 4-27　桥西历史街区拱宸桥大运河国医馆(来源:钟玮拍摄)

非物质文化遗产与世界遗产的相互依存性其实是天然存在的。但是,这种相互依存性是隐性的,容易被忽视,甚至被割裂。现在当我们从整体的

图 4-28　中国扇博物馆（来源：钟玮拍摄）

高度来看待两者的关系，并深刻理解非物质文化遗产在世界遗产的文化内涵发生、发展的历程中的作用后，该特点则是相当明显了。对于这一特点的理解与把握不仅具有重要的理论意义，而且对于世界遗产与非物质文化遗产的可持续保护与发展的实践工作也具有显著的价值。

4.3　典型案例

4.3.1　运河元宵灯会

　　运河元宵灯会具有悠久的历史，自古就是拱宸、湖墅地区重要民俗活动。唐代大诗人白居易就曾在《正月十五日夜月》里加以赞叹。南宋《梦粱录》《武林旧事》等典籍里则有更为翔实的记载。现存南宋画作《灯戏图》展现了当时灯会上的舞队风采。清代《杭俗遗风》记载了当时灯会的盛况，高跷、幡竿、抬阁、龙灯、竹马等精彩表演令人目不暇接。

　　自 1998 年起，杭州恢复举办这一重要的传统节日活动，并正式定名为

"运河之春"元宵灯会,其命名方法根据中国传统的十二生肖依次轮回。从
1998 年"运河之春·虎年腾跃闹元宵"开始,历经"玉兔呈祥""世纪龙跃"
"金鸡迎春""鼠兆丰年""金蛇送福"等,2016 年的主题是"金猴闹春",其规
模和效应不断扩大,已逐步发展成为一项雅俗共赏、充满时代气息的运河民
俗文化活动。运河元宵灯会已先后被评为杭州市级和浙江省级非物质文化
遗产(图 4-29)。

图 4-29　2016 年运河元宵灯会(来源:中国新闻网)

　　运河元宵灯会举办的场所主要位于京杭大运河杭州段拱墅区武林港至
江涨桥长约 10 公里的河道。每年元宵佳节,运河两岸灯光璀璨,人山人海,
热闹非凡,每年平均参会人数达百万人次以上。灯会有观赏灯彩和表演灯
彩两种,观赏灯彩又有岸上张挂与水上漂流两种,河上灯船与岸边灯彩交相
辉映,一派江南水乡的独特韵味。陆地灯会重在营造运河沿岸区域文化品
牌特色。"水上灯会则注重群众的参与体验,利用运河两岸亮灯工程、各种
灯彩、漕舫船、群众文化活动,打造一条流动的民俗风景线。"(中国文化报,

2013)运河灯会上所使用的灯具在形制、材质、图案、色彩等方面都融入了制作者们丰富的创造力和大量的心血,同时又穿插有猜灯谜等活动,增添了很多情趣。结合灯彩展示,还有各种歌舞踩街表演,舞龙、舞狮、滚灯、高跷、武术、杂耍等等,载歌载舞,令人流连忘返。运河元宵灯会凸显了运河的文化、景观、休闲等功能与特色,营造了一个盛世、和谐、喜庆的传统江南水乡节庆氛围。

运河元宵灯会的发展与大运河(杭州段)的治理和保护工作的推进紧密相关。近年来,灯会围绕大运河文化带和大运河文化名区建设,巧妙结合大运河综保和亮灯工程,有机融合大运河申遗等重要元素,使灯会内涵越来越丰富,形式越来越新颖。运河元宵灯会以大运河深厚的历史文化积淀为创作源泉,对运河文化进行挖掘、整理、提升,并依托大运河综保工程中保护性开发建设的运河文化景观节点(如小河直街、桥西历史街区、卖鱼桥、拱宸桥等),推出了极富地域特色的"十里银湖墅百米风情画卷"等创意彩灯和"湖墅八景"及桥(拱宸桥)·塔(香积寺塔)·园(高家花园)·潭(珠儿潭)等人文历史景观系列组灯。"各类灯饰将运河夜景装扮得流光溢彩,艺术地再现了古运河畔帆樯卸泊、百货登市、行栈密集的繁华景象和武林门外'鱼担儿''米担儿'的生动场面,结合运河两岸的火树银花及百余串大红灯笼的亮灯,成功营造了'十里银湖墅'和'天上银河落人间'的璀璨意境。"(中国文化报,2013)运河元宵灯会将悠久的文化传承与精湛的现代花灯技术完美结合,使得这一杭州传统民俗节庆活动焕发出了蓬勃的生机。运河元宵灯会传承传统制灯技艺,丰富运河文化,营造创意产业,提升运河沿岸人民生活品质,不仅再现了大运河的古韵,还体现出新时代的特征。这一民俗盛事已极大地丰富、发展了"活态"的大运河文化内涵,赋予了世界遗产大运河(杭州段)可持续发展的强劲动力。

4.3.2　中国大运河庙会

第一届中国大运河庙会于 2014 年 10 月 18 日至 21 日在杭州举行。作为 2014 年杭州西湖国际博览会的重头戏之一,本次大运河庙会以"千年运河,还看今朝"为主题,设拱宸桥主会场和塘栖古镇、西湖文化广场两个分会场,设有祈运仪式、彩船嬉歌行、三素食集、"非遗"集市(图 4-30)、运河菜系交流峰会、文化创意集市等特色主题内容。

图 4-30　2014 年第一届中国大运河庙会"非遗"集市一角(来源:钟玮拍摄)

　　在祈运仪式上,身着古代河工、船工服装的鼓手、火铳手、旗幡手等依八卦而立,彩旗飞舞,气势恢宏。来自北京通州的护水大使手捧京杭大运河最北端之水,传递给大运河最南端的代表,将其灌注于大运河最南端的标志——拱宸桥,寓意大运河一以贯之,天地人和。随后,奏祈运乐、跳祈运舞、诵祈运文、成祈运礼等仪式也依次进行,充分展现了当代人对古老大运河的无限敬意、真挚祝福和对未来美好生活的期盼。

　　本次庙会邀请了大运河流经的北京、天津、河北、山东、江苏、浙江两市四省的主要城市参加。这 18 个大运河旅游推广联盟城市带来了 18 条代表各城市特色的"运河彩船"。在桥西历史街区古色古香的实景化背景中,北京通州"天下粮仓"船、天津"杨柳青木版年画"船(图 4-31)、河北沧州"尚武护镖"船、衡水"衡水老白干"船、山东"德州三宝"船、聊城"白葫芦民间艺术"船、泰安"岱岳风光"船、江苏宿迁"项王故里"船、淮安"漕运盐粮"船、无锡常州"民间工艺"船、苏州"水路戏班"船、嘉兴湖州"蚕娘香客"船、杭州时尚运河船、"世界的大运河"船等装饰精美的彩船和展现运河船工生活和劳动情景的主表演船,依次驶过观赏区,为聚集在运河两岸的热情观众献上了一场视觉盛宴(西陆网,2015;中国旅游新闻网,2014)。

图4-31 2014年第一届中国大运河庙会天津"杨柳青木版年画"彩船（来源：钟玮拍摄）

2014年第一届中国大运河庙会，是一场庆祝大运河申遗成功、分享运河综保成果的盛会，它展示了大运河丰富多彩的文化内涵和来之不易的保护成果。

2015年第二届中国大运河庙会于2015年10月23日至25日在杭州举行。本届庙会以"邂逅大运河，风情最杭州"为主题，从西湖文化广场往北一直到塘栖，在9个最具运河风情的街区分设会场，活动内容包括开幕式、大运河公益婚典、古典运河旗袍秀、"运河之夜"音乐会、民国风情秀以及创意集市、手工集市、"非遗"集市（图4-32）、传统集市、民俗集市、品牌集市等。

10月23日上午庙会的开幕式在运河天地拉开帷幕。寓意运河沿线18个城市的多个象征得以精彩展现：18个孩子分别代表18座城市融汇运河水；18个儿童表演"庙会童谣"；从18个城市精心挑选出的18对新人共同举办了大运河婚典。大运河婚典之后，一场以"母亲的嫁妆"为主题的古典运河旗袍秀上演，以舞台剧形式向大家展现运河沿岸的婚礼习俗和旗袍文化的演变历程，生动展现了大运河的时代变迁和文化底蕴，精彩的演出将开幕式推向高潮。本次庙会第二个精彩亮点就是由300多席商家会聚而成的庙会集市，涵盖了民俗、"非遗"、时尚、创意等各个领域。拱宸桥西边的手工艺活态展示馆广场展示传统手工与创意手工,观众可亲手做一份别出心裁的创意小礼物送给亲朋好友。拱宸桥东的运河广场设立"非遗"集市,集中展示运河沿线城市的非物质文化遗产,让市民和游客从中领略运河文化的发展历程和中国传统文化的魅力(腾讯大浙网,2015)。

为期三天的第二届中国大运河庙会取得了良好的社会反响,提升了中国大运河庙会品牌节庆活动的社会影响力,进一步展示和丰富了大运河的历史文化内涵。"据统计,庙会期间运河街园区(含水上巴士、漕舫及塘栖)共接待 51.69 万人次,各集市商品销售额达 407.15 万元。"(杭报在线,2015)(图 4-33)

图 4-32 2015 年第二届中国大运河庙会"非遗"集市一角(来源:钟玮拍摄)

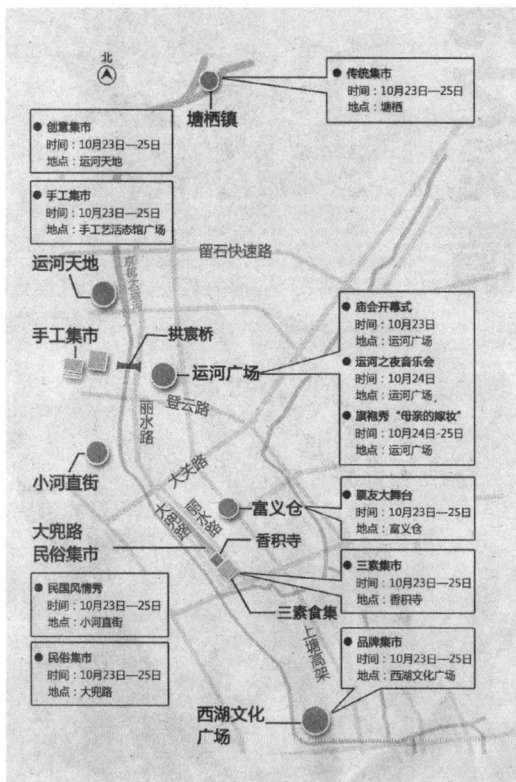

图 4-33　2015 年第二届大运河庙会会场详图（来源：《钱江晚报》）

4.4　杭州的世界遗产与相关非物质文化遗产的关系前景展望

在当今这个时代，非物质文化遗产和世界遗产的保护与可持续发展都是非常重要的社会议题。这两者的申报、保护和利用等几乎每个相关步骤都会引起社会的极大关注。应该说，社会的发展进步在两者的保护与可持续发展中已经得到了很好的体现。

在为两者的大好形势欢欣鼓舞的同时，也应该充分认识到我们仍然面临的问题。就世界遗产而言，它现在已经受到了高度的重视，所面临的主要问题或许显而易见——不少地方对世界遗产的经济价值开发过度，而对其文化价值和保护管理的力度不够，这个问题有时甚至严重到了不惜破坏世界遗产所具有的突出的普世价值的程度。相对而言，非物质文化遗产所面临的问题要严峻和复杂得多。非物质文化遗产现在确实是受到了全社会前所未有的重视,在很大程度上可以说是当我们的社会发展到一定阶段后逐渐高涨的文化自觉使然。但与此同时,基本上源于农业社会的非物质文化遗产在工业社会受到了根本性的挑战与动摇。在现代化和全球化迅猛发展的时代,非物质文化遗产赖以生存的文化生态环境发生了根本性的改变,犹如土壤流失了,鲜花如何能生存呢? 今天的非物质文化遗产,在过去其实就是人们居家生活、生产劳作中具有实用价值和美学价值的手工技艺、文娱形式等——它们或是满足人们生产、生活的日常所需(比如胡庆余堂中药文化,王星记扇制作技艺等),或是能满足人们的精神需求(如杭州评词、杭州滩簧等)。这些非物质文化遗产在当时首先是具有突出的实用价值,千家万户实实在在地需要它们。在此基础上,相关的从业人员能够以此谋生,因此他们才会去花大量的时间和精力加以提升发展和传承,从而实现实用价值与美学价值的结合。现如今,由于现代科技的进步和生活方式的改变,它们的实用价值受到了极大的削弱或影响,这些与现实生产、生活日益脱节的手工技艺、节庆仪式、文艺形式等,怎么还能吸引广大民众呢? 这就是非物质文化遗产所面临困境的根源所在。至于非物质文化遗产所遇到的其他问题,如非物质文化遗产自身发展的缓慢和传承人匮乏等等,其实都来源于此。非物质文化遗产面临如此巨大的困难,是否可以听之任之,甚至放弃呢? 这是绝对不行的。因为非物质文化遗产在当今社会具有极其重要的文化价值。"一个民族的非物质文化遗产,往往蕴含着该民族传统文化最深厚的根源,保留着形成该民族文化身份的原生态和原始的生活方式、行为规范,承载着该民族特有的思维方式、心理图式和价值观念。"(王文章,2010)中国的年轻人喝可乐、看好莱坞大片,过圣诞节、情人节,但也自然而然地延续着大量中国特有的非物质文化遗产——过春节一定要回家团聚,吃着馄饨饺子时总不忘蘸点镇江香醋,感冒咳嗽了会想到去看中医,等等。这些出现在我们日常生产、生活中的非物质文化遗产极其典型地说明了我们的民族文化认同,使我们能彼此互认为都是中国人。在这点上,非物质文化遗产所发挥的作用甚至比肤色、教育等因素还要重要。非物质文化遗产涵盖了生产、生活的方方面面,其中部分项目现日渐衰微,但有相当一部分项目仍然能够顺应时代的需求而发展进步。中国发展到现今的阶段,"文化自觉"成为当务之急。费孝通先生所提倡的"文化自觉"是指"生活在一定文化中的人对其文化有'自知之明',明白它的来历、形成过程、所具有的特色和它发展的趋向,不带任何'文化回归'的意思,不是要复旧,同时也不主张'全盘西化'或'坚守传统'。自知之明是为了增强对文化转型的自主能力,取得为适应新环境、新时代而进行文化选择时的自主地位。"(费孝通,2000)要实现"文化自觉",非物质文化遗产的保护和传承是与经济的发展、社会的进步等因素同样重要的。在现代社会要保护和传承源于农业社会的非物质文化遗产真是一件非常艰巨的任务,需要我们付出极大的耐心和智慧。

杭州是非物质文化遗产与世界遗产相结合从而进行有机协调的保护和利用的理想之地。杭州市的世界遗产已经得到了高水平的保护,从法律法规的制定落实,到社区居民、志愿者的组织宣传等各方面,都是处于全国前列的。但是,现在越来越受到重视的一点是,世界遗产的保护有一个很重要的方面,就是应保护、挖掘其深刻的文化内涵,不然,所谓的世界遗产保护只是保护其外表和形式而已。这点对于杭州市现已拥有的两项"活态的"世界遗产来说尤其重要。世界遗产文化内涵的挖掘和保护中最重要的一环就是挖掘、保护并合理利用与其相关的非物质文化遗产。像西湖、中国大运河这样的"活态的"世界文化遗产其文化内涵的核心就是由相关的非物质文化遗产所决定的。而对于杭州的非物质文化遗产而言,其保护和合理利用中所要求的原真性、完整性等原则性要求也必须是要与相关的世界遗产相结合才能够达到的。比如,《白蛇传传说》《梁祝传说》都必须置身于西湖的真实环境中,才能体会到它们的真实性、完整性,才能让人为它们的美而感动。一旦脱离这个文化生态环境,这两个动人的传说就只剩客观的文字描述了,人们或许能了解它、记住它,却很难直击心灵的深处。进一步讲,杭州的西湖和大运河不仅仅使人能够完整地理解和感悟相关的非物质文化遗产,它们还是保护和合理利用这些非物质文化遗产的大舞台。在西湖边的茶楼、仿古街区乃至小卖部里有王星记扇子、龙井茶叶,甚至有许仙、白娘子的卡通玩偶,在岳庙大殿的墙上人们直接看到《岳飞传说》中的经典场面(图4-34);在桥西历史街区有方回春堂等中医药馆,旁边还有手工艺活态展示馆等。很明显,西湖和大运河为非物质文化遗产的"出镜"提供了绝佳的大舞台,拉近了非物质文化遗产与普通人的距离,使非物质文化遗产重新进入了人们的视野与日常生活。

西湖和大运河提供的大舞台对于相关非物质文化遗产的可持续发展是

图 4-34　岳庙大殿里的《岳飞传说》壁画《郾城大捷》（来源：韩嫣薇拍摄）

至关重要的，这点应该强调。在目前的情况下，让非物质文化遗产放任自流，随其自生自灭肯定是不可取的；但另一方面，如果完全依靠国家资助恐怕也非上策。非物质文化遗产中的有些项目确实是只能由国家全额资助保护的，但其他只要是能在今天的市场经济中找到一席之地的项目，就应该鼓励、引导它们积极开拓市场，逐步形成独立生存的能力。这既是它们的可持续保护与发展之道，也是它们存在的价值所在。绝大多数非物质文化遗产兴盛的时候就是与人们的生产、生活密切相关的劳动技能、娱乐手段、精神寄托等，从来就不是高高在上、自我封闭的文化现象，今天更不能孤芳自赏。非物质文化遗产本身就是动态发展的传统文化，与当前时代有益结合并不会破坏它的原真性，相反，会给非物质文化遗产带来勃勃的生机。内容和表现形式更丰富了，传播范围更广了，传承人更多了。在成都春熙坊，非物质文化遗产的表演好戏连台，很受广大消费者欢迎（图 4-35）。如图 4-36 所示，皮影戏的角色已经是现代化的人物了，很接地气、很有人气。西湖和大运河为相关非物质文化遗产提供的舞台是足够广大的。事实证明，以元宵运河灯会、大运河庙会、杭州小热昏、方回春堂传统膏方制作技艺等为代表

图 4-35　成都春熙坊的非物质文化遗产表演（来源：钟玮拍摄）

图 4-36　成都春熙坊的非物质文化遗产表演（皮影戏）（来源：钟玮拍摄）

的一批积极利用这方大舞台,紧跟时代发展潮流的非物质文化遗产是生机勃勃、广受欢迎的。将来,肯定会有更多的非物质文化遗产出现在这方广阔的大舞台上,实现杭州市的世界遗产与相关非物质文化遗产的共生共荣。

参考文献:

[1] ICOMOS. Congress on Methodology，Definitions and Operative Aspects of Cultural Routes Final Declaration [EB/OL]. (1999-05-22) [2015-12-11]. http://www. icomos-ciic. org/INDEX _ ingl. htm. 1999.

[2] UNESCO.《保护非物质文化遗产公约》[EB/OL]. (2003-10-17) [2014-01-16]. http://unesdoc. unesco. org/images/0013/ 001325/ 132540c. pdf.

[3] WORLD HERITAGE COMMITTEE. WHC-11/35. COM/20 [EB/OL]. (2011-07-07) [2016-02-01]. http://whc. unesco. org/archive/ 2011/whc11-35com-20e. pdf.

[4] 董顺翔. 杭州传统名菜名点[M]. 杭州:浙江人民出版社,2013.

[5] 费孝通. 重建社会学与人类学的回顾和体会[J]. 中国社会科学,2000 (1):37-51.

[6] 光晓霞. 中国的世界文化遗产申报形势及类型探析——以大运河为例 [J]. 西华大学学报(哲学社会科学版),2013,32(4):37-49.

[7] 杭报在线. 2015 年第二届中国大运河庙会圆满落幕[N/OL]. (2015-10-28) [2016-02-09]. http://news-hzrb. hangzhou. com. cn/system/ 2015/10/28/012952191. shtml.

[8] 杭州市非物质文化遗产网. 杭州知味观点心传统制作技艺[N/OL]. (2013-03-28) [2017-02-03]. http://www. hangzhoufeiyi. cn/Html/ 201303/28/958. html.

[9] 何平. 浙派古琴[M]. 杭州:浙江摄影出版社,2014.

[10] 李辉柄. 宋代官窑瓷器[M]. 北京:中央编译出版社,2008.

[11] 刘继刚. 关于河南大运河故道保护的几点建议[J]. 华北水利水电学院学报(社科版),2012,28(3):7-10.

[12] 卢荫衔. 历代名人与杭帮菜[J]. 文化交流,2005(6):54-55.

[13] 唐文基,罗庆泗.乾隆传[M].北京:人民出版社,1994.

[14] 腾讯大浙网.2015 中国大运河庙会开幕 丰富活动填满周末生活[N/
OL].(2015-10-23)[2016-02-09].http://zj.qq.com/a/20151023/
039991.htm.

[15] 王文章.非物质文化遗产概论[M].北京:文化艺术出版社.2006.

[16] 吴松弟.宋代靖康乱后江南地区的北方移民[J].浙江学刊,1994(1):
101-106.

[17] 吴涛.靖康之变与开封人口的南迁[J].黄河科技大学学报,1999,1
(1):55-60.

[18] 西陆网.2014 中国大运河庙会10月18日启幕[N/OL].(2015-10-26)
[2016-02-08].http://shizheng.xilu.com/20151026/1000150004487770.html

[19] 叶国珍,叶佳星,徐舜.南宋官窑制瓷技术和文化艺术[M].//浙江师
范大学,浙江省非物质文化遗产研究基地.非物质文化遗产研究集刊:
第5辑.北京:学苑出版社,2012:240-252.

[20] 赵世纲,罗桃香.北宋官窑与南宋官窑[J].江西文物,1991(4):56-57.

[21] 中国旅游新闻网.2014 中国大运河庙会热闹开幕[N/OL].(2014-10-
18)[2016-02-08].http://www.cntour2.com/viewnews/2014/10/
18/EfedrUXDNkJ6yhJzj6mG0.shtml.

[22] 中国文化报.以元宵灯会传承运河民俗文化[N/OL].(2013-10-17)
[2015-09-08].http://news.xinhuanet.com/yuqing/2013-10/17/c_
125552470.htm.

[23] 中华人民共和国中央人民政府.国务院关于公布第一批国家级非物质
文化遗产名录的通知[EB/OL].(2006-05-20)[2014-07-15].http://
www.gov.cn/zhengce/content/2008-03/28/content_5917.htm.

[24] 中华人民共和国中央人民政府.国务院关于公布第二批国家级非物质
文化遗产名录和第一批国家级非物质文化遗产扩展项目名录的通知
[EB/OL].(2008-06-07)[2014-07-15].http://www.gov.cn/
zhengce/content/2008-06/16/content_5835.htm.

[25] 中华人民共和国中央人民政府.国务院关于公布第三批国家级非物质
文化遗产名录的通知[EB/OL].(2011-05-23)[2014-07-15].http://
www.gov.cn/zhengce/content/2011-06/09/content_5804.htm.

[26] 中华人民共和国中央人民政府. 国务院关于公布第四批国家级非物质文化遗产代表性项目名录的通知[EB/OL]. (2014-11-11)[2015-03-03]. http://www. gov. cn/zhengce/content/2014-12/03/content_9286. htm.

[27] 周剑虹. 文化线路保护管理研究[M]. 北京:科学出版社,2013.

[28] 周静书. 梁祝传说[M]. 杭州:浙江摄影出版社,2009.

网络图片资源:

[1] UNESCO INTANGIBLE CULTURAL HERITAGE. Elements on the Lists [2017-01-23]. http:// www. unesco. org/culture/ich/en/state/china-CN? info＝elements-on-the-lists.

[2] 杭报在线. 2015 年第二届中国大运河庙会圆满落幕[N/OL]. (2015-10-28) [2016-02-09]. http://news-hzrb. hangzhou. com. cn/system/2015/10/28/012952191. shtml.

[3] 杭州南宋官窑博物馆. 南宋官窑遗址[N/OL]. [2017-03-09]. http://www. ssikiln. com/yzbh. html.

[4] 杭州网. 凤山水城门杭城唯一健在的古城门[N/OL]. (2013-07-12) [2017-01-02]. http://hznews. hangzhou. com. cn/chengshi/content/2013-07/ 12/content_4806035. htm.

[5] 胡庆余堂国药号. 加拿大总理哈珀参观胡庆余堂[N/OL]. (2014-11-26) [2016-05-10]. http://www. hqytgyh. com/news_info. php? 23.

[6] 嘉兴文艺网. "流淌着的运河民俗——2015 中国江南网船会"在莲泗荡开幕[N/OL]. (2015-04-16)[2016-05-12]. http://www. cnjxol. com/gov/jxwyw/ content/2015-04/16/content_2573201. htm

[7] 平江路网. 一个走过就会留下回忆的地方[N/OL]. (2015-03-30) [2017-04-02]. http://www. pingjiangroad. com/blogs/1002. html.

[8] 齐鲁网. 2016 祭孔大典 28 日上午在曲阜孔庙举行[N/OL]. (2016-09-28) [2017-01-03]. http://news. iqilu. com/shandong/yuanchuang/2016/0928/3067992. shtml♯g3067985＝5.

[9] 钱江晚报. 2015 年第二届大运河庙会会场详图[N]. 钱江晚报. 2015-10-23 (A1-7).

［10］腾讯大浙网. 2015 中国大运河庙会开幕 丰富活动填满周末生活［N/OL］.（2015-10-23）［2016-02-09］. http：//zj. qq. com/a/20151023/039991. htm.

［11］西陆网. 2014 中国大运河庙会 10 月 18 日启幕［N/OL］.（2015-10-26）［2016-02-08］. http：//shizheng. xilu. com/20151026/1000150004487770. html

［12］新浪旅游. 甬东天后宫宁波庆安会馆［N/OL］.（2015-06-17）［2017-01-04］. http：//travel. sina. com. cn/news/2015-06-17/1019308954. shtml.

［13］相约久久. 杭州苏东坡纪念馆旅游攻略［N/OL］.［2017-03-01］. http：//www. meet99. com/ jingdian-hzsdpjng. html.

［14］浙江在线. 杭州蒋村划手的龙舟情结：竞渡飞桨，薪火相传［N/OL］.（2015-06-19）［2016-06-07］. http：//zjnews. zjol. com. cn/system/2015/06/18/020703617. shtml.

［15］中国旅游新闻网. 2014 中国大运河庙会热闹开幕［N/OL］.（2014-10-18）［2016-02-08］. http：//www. cntour2. com/viewnews/2014/10/18/EfedrUXDNkJ6yhJzj6mG0. shtml.

［16］中国文化报. 以元宵灯会传承运河民俗文化［N/OL］.（2013-10-17）［2015-09-08］. http：//news. xinhuanet. com/yuqing/2013-10/17/c_125552470. htm.

［17］中国新闻网. 浙江杭州举办运河灯会迎元宵 8 公里夜景长廊扮靓古运河［N/OL］.（2016-02-22）［2016-11-11］. http：//www. chinanews. com/sh/2016/02-22/ 7768138. shtml.

［18］中国新闻网. 浙派古琴传承人徐君跃：音乐无国界［N/OL］.（2016-08-19）［2017-02-16］. http：//www. chinanews. com/cul/2016/08-19/7977980. shtml.

［19］中华网. 没那么简单，西湖龙井手工炒制揭秘［N/OL］.（2015-04-08）［2016-11-12］. http：//travel. china. com/vane/chinanews/11120563/20150408/19497651. html.

在国际化背景下以世界遗产提升杭州城市文化

第 5 章

5.1　概述

5.1.1　世界遗产与杭州

世界遗产是过往时空的留存印记,它折射出一座城市历史发展的足迹,也反映着这个地域内共同生活的人们长期形成的文化观念、风俗习惯、生活方式和思维模式,它在过去的不断积累中彰显了城市的文化品位与个性。由于世界遗产的不可复制性,它的价值不仅仅属于一座城市,更属于全人类。因此,探讨杭州的世界遗产,既要考虑其客观的本体价值,还要考虑对其价值所带来的外部影响力,诸如对城市文化、城市精神、经济与生态等各个方面的综合考量,才能孕育出传统文化与现代文明交织相融的独特地域风格与气派。传统认为,城市发展与文化遗产两者间的矛盾是城市"空间"的安排,它既表现为现代城市的扩张需求,也表现为其与市民生活相关的城市功能的扩展。然而不得不称道的是,杭州市的世界遗产非但没有影响整个城市的格局,反而为城市的景致带来了独特之面,景中有城,城中有景。正如《城纪》后记中所写道:"杭州,一条运河穿城而过,十大城门开合繁华,西湖酿尽江南美色,丝绸织造锦绣民生。""杭州是个有着缤纷过往的城市",而城市中的市井风情也继续延续着自己的生活习惯和精神风貌。(赵晴,2011)杭州正在努力构建人、自然、环境与世界遗产间的和谐,带给市民们向心力、归属感、认同感及共同保护的行动力。

作为浙江省会、中国八大古都之一,"人间天堂"的杭州以其秀美的湖光山色,悠久的历史文化积淀及丰富的文化内涵,跻身于我国首批国家级历史文化名城之列,也是国际风景旅游城市。其文明历史的精华深厚凝重,历久弥新,其中以陶瓷文化、印刷文化、丝绸文化、茶文化、饮食文化、中医药文化、宗教文化、书画篆刻艺术等为代表的显性文化吸引着外国友人来杭交流、旅游、经商。杭州建城千余年来,由于自然力的侵蚀与人为的破坏,地表的历史文化遗存实物屈指可数。西湖文化景观始于晚唐时期,于杭州而言,无论是其文化遗迹还是非物质文化遗产都有着极其重要的价值。2011 年 6 月杭州西湖以其非凡的文化景观被联合国教科文组织列入《世界遗产名录》。2013 年 5 月在杭州召开的"文化:可持续发展的关键"国际会议中强调了"历史文化遗产是一座城市的核心竞争力所在,是人类社会环境、经济和文化多样性可持续发展的重要支撑"。同年的 11 月 4 日浙江省文化厅公布了孙文达等 197 名传承人为第 4 批省级非物质文化遗产项目代表性传承人,统计出了浙江省的全国重点文物保护单位 231 处,数量居全国第 5 位。2014 年大运河成功入选《世界遗产名录》,京杭运河(杭州段)建立了综合保护中心并开始运转。同年 7 月,杭州西湖文化景观被联合国教科文组织授予《世界遗产保护管理荣誉证书》。另外,南宋皇城大遗址的保护工作稳步推行,重点发掘了南宋临安城东城墙遗址。桐庐县茆坪村、戴家山村等 7 处古村落被列入第 3 批国家传统村落。2016 年良渚遗址申报世界遗产的工作继续推进。纵观杭州历史文化的发展与保护史,可以感受到文化存留于街头巷尾、水乡建筑中,融汇在百姓的生活里,对城市文明的滋养和市民的行为规范起着潜移默化的作用,这是一座城市的灵魂。保护好杭州的历史文化遗产,就是保护了杭州的特色,更是保护了杭城文化软实力发展不可或缺的基础。如此,才能做到城市保护与发展的双赢。

5.1.2 杭州城市定位的发展

"城市"一词中的"城",指的是用墙围出的一个范围,古代在城墙四周还会设有护城河来防止外来人入侵,它的内涵是指政治和军事的;"市",指的是商业区和居住区,市民喜欢群居在一起,给生活带来不少便利。英语中,"城市"的含义有着异曲同工之妙。城市可以译为 city,又可称为 urban。前者由其引申词 citizen(公民)得知,它有政治与法律的含义;而 urban 则有聚居的意味,urbanize 作为动词被定义为在空地上建造房屋、城镇等,使之城市化、都市化。因此,城市文化可以指法律、道德、文化等精神层面,也可指人们的衣食住行等物质层面,总而言之,它的活力在于人,并且应当以人为本,这样的城市才能具备可发展性和活力(图 5-1)。此外,英语中的 civilization(文明)一词与 citizen 有着不可分割的联系,对城市公民而言,文化其表,文明其里。因此,从文化与城市的关系角度而言,城市文化软实力就是指城市的精神文明程度与文化影响力。而文明发展与文化传承的首要一步就是平衡历史文化遗产与城市现代化之间的关系。

图 5-1　杭州钱江新城面貌(来源：网易摄影)

5.1.3　城市文化软实力的理论构架

　　"文化(culture)"一词作为外来语，在西方词典中的释义包含多种解释。文化与作物、科学、艺术、音乐、文学、信仰、习俗等具体形象事物有关，它也与社会、文明这类抽象概念有着不可割舍的关系。在我国，自古以来"文化"普遍的含义是指文治、教化。现代学者对文化的理解也都有几近一致的看法：文化就是人化，文化与人类俱生俱灭，文化是人类的确证和表征。西方最具权威性的定义来自美国文化学家克罗伯的总结，即"文化是一种构架，包括各种外显或内隐的行为模式，通过符号系统习得或传递；文化的核心信息来自历史传统；文化具有清晰的内在结构或层面、自身的规律"。如散沙一般，没有主流文化的民族是没有魅力与力量的。中国的统一可以追溯到秦代秦始皇嬴政时期，他统一了六国，做到了"车同轨，书同文"，从文化、经济、交流与思想上，他真正地完成了中国的统一大业。而中世纪的德国，也如同中国的春秋时代，分裂为若干个日耳曼小公国。近代的德国柏林大学教授里尔(W. H. Riehl，1823—1897)试图通过对民族精神的研究来团结、凝聚自己的民族，他走的是自觉自省的道路，而非殖民压迫的道路。20 世纪50 年代的日本将日本先民创造并传承的民族文化，定名为"文化财"，等同于如今的"文化遗产"这一术语。虽然日本社会的西化倾向相当严重,但是日本对传统文化的维护与继承也是相当全面与坚决的。不过如果文化仅仅是被当作某种相对固定的身份认同(identity)来对待,(极端)民族主义、(专制的)传统文化主义(Traditionalism)或是特定文化主义(Particularism)的发展与膨胀也是不利于世界和平的。因此对于全球化的推进而言,"(文化)多样性"一词的表述,也经历了由 Multiculturalism、Cultural Pluralism、Cultural Diversity 三词共存的状态,发展到了对 Diversity 更多地使用状态,因为它更多地强调了一个整体中包含了种种差异,而非一个单元文化或整体与另一文化单元文化或整体的区别。(李发平、傅才武,2011)对于一个国家而言,"文化"作为一种在实践中获得并反过来指导实践的价值和认知体系,是一种无所不在的"软实力"。

文化力是软实力的重要组成部分,而"软实力"与"文化软实力"这两个概念的外延基本相同。1990 年美国哈佛大学教授约瑟夫·奈指出软实力是文化、制度的吸引力,以及掌握国际话语权的能力。然而软实力不仅关乎经济、政治,相对于硬件设施、GDP、科技、军事等硬实力而言,文化、价值观念、社会制度、传媒、发展模式、生活方式、意识形态等具备吸引力、渗透力、说服力都属于软实力范畴。(魏恩政,2008;喻国民,2013)对于一个国家、一座城市的发展而言,没有了文化魅力就如同没有了内涵与特色,而前人留下的文化遗产,更应成为我们倍加珍视的软实力资源。但凡国际化的城市,总能够用富有特色的城市形态,标志性建筑,良好的生态环境,城市历史遗迹的保存与延续,完善的基础设施,知名的文化品牌等来打造城市灵魂。诸如被誉为"永恒之城"的意大利罗马,"文艺复兴发祥地"的意大利佛罗伦萨(图 5-2),"欧洲与世界政治中心"的瑞士日内瓦,"音乐之都"奥地利维也纳,"戛纳电影节"的法国戛纳,即便是中国的丽江也因纳西文化与古城风貌闻名遐迩(图 5-3)。而这就是文化的影响力,对于 21 世纪这个信息时代而言,信息就是一种影响力。具备了影响力,才能吸引世界,从而凝聚在一起,因此,从文化角度看软实力,我们既需要文化的凝聚力,也需要文化的影响力。

图 5-2　俯瞰意大利佛罗伦萨全城（来源：庄欣拍摄）

图 5-3　云南省丽江市大研古镇街景（来源：庄欣拍摄）

2008 年《瞭望东方周刊》联合复旦大学国际公共关系研究中心、中国市长协会,在全国范围内首次进行了中国城市软实力的调查,其中与文化相关的软实力测评十项里占了六项,学术界也为此展开了热烈的讨论。综合而言,城市文化软实力是一座城市应当展现出来的城市凝聚力、文化创造力、城市影响力、城市识别力、城市文化辐射力,以及包括城市文化产品与文化服务的城市生产力。这些要素是一座城市及国家的构建方向,正如王岳川在其访谈录中指出:"文化需要去'化',宗教需要去'传',国家冲突需要去'解',当代战略大师学者需要去'行'。"因此从国家层面而言,中国文化应当从"去中国化"到"再中国化",当务之急就是中国文化的可持续输出。(王岳川,2011)从城市层面而言,则应充分发挥地方特点与文化特色的优势,在弘扬先进的生态文化的前提下,打造一个城市的专属文化品牌。而这也呼应了美国国际政治学家塞缪尔·亨廷顿在《文明的冲突》(1993)和《文明冲突与世界重建》(1996)中提出的"文明冲突论",即未来世界的国际冲突根源,不是意识形态和经济,而是文化。因此,城市社会、文化、教育、公民素质、人文环境、对外影响力等都是城市文化软实力建设需要考虑的方方面面。在知识经济大发展的 21 世纪,城市的文化资源、文化氛围和文化发展水平决定了一座城市是否具备吸引力和竞争力,而只有独具特色的城市文化才具有全球城市竞争的巨大优势。(杨丽萍,2008)

5.1.4　世界遗产与城市文化

世界遗产的三种类型中,与城市关系最为密切的是世界文化遗产。从保护经济学的角度而言,世界文化遗产是一种具有文化和经济双重价值的"文化资本"(cultural capital)。据国家文物局的数据分析,遗产地与城镇之间存在着六种依存模式和两种不同的申遗动机。而值得注意的是,"遗产为城镇首要资源"的依存模式数量占到中国目前所有世界文化遗产的一半左右,这种依存模式与所在城镇的空间关系近、文化关联代表性强、社会关联性一般、经济贡献力突出。例如:苏州古典园林、青城山——都江堰灌溉系统、布达拉宫、安阳殷墟等。"遗产为城内重要资源之一"的依存模式数量也占到了中国世界文化遗产的四分之一。例如故宫(图 5-4)、天坛、沈阳明清皇宫等。如此看来,世界文化遗产带给城镇的社会效益与经济效益不可小觑。此外,在城镇的申遗动机分析上,我国主要有两类:一类是出于"奖励与强化保护"的目的;另一类是"以申遗带动发展"为目的。大部分地级市和少量县级市,申遗的目的是借此发展与宣传遗产地,并与国际保护行业接轨。而县级市和县城主要是通过世界遗产身份形成品牌效应,改善交通及环境,从而推动地方经济发展。(国家文物局,2012)很显然,杭州申遗的动机则属于第一类。

图 5-4　故宫太和殿(来源:庄欣拍摄)

　　但是,正如笔者在前面所提到的那样,城镇中的遗产并非是远离人们日常生活的古物。如福州的三坊七巷是现今保存最好的明清时代的居民建筑群;江苏省的周庄和同里、安徽省的西递宏村(图 5-5)、浙江省桐乡市的乌镇、湖州市的南浔和嘉善县的西塘是江南著名的水乡古镇。许多居民甚至都还居住在这些古城、古镇、古街区中,这足以让人们感受到了浓厚的历史文化氛围。但与此同时,"文化遗产"的延伸概念,同样值得发展中的城市去重视。一个就是文化遗产的周边环境,即自然与人文环境;一个就是文化遗产的历史文化背景,特别是以传统非物质文化遗产形式而存在的。就拿古镇的保护而言,大多建筑是明清、民国时期遗存下来的老旧危房,年久失修,基础设施较为薄弱,地方政府需要投入大量的资金,引进并培养专业人才,协同古镇居民来明确法规与职责,让保护遗产的良好行为蔚然成风。同时,百年来的古镇文化特色,如养蚕业、藏书阁、名人故居、私塾、古桥、廊棚、民间手艺等一样值得保留与传承,这些都让古镇散发着独特的魅力,向世人展现文化精华的同时,也推动了经济的发展,带动了当地居民文明素养的提高。

图 5-5　安徽宏村(来源:庄欣拍摄)

此外,文化遗产不仅是所在城市的重要文化组成部分,而且是整个区域、民族甚至国家文化的杰出代表。从城市的发展历史和现状来看,它的发展格局、规模与程度都是与它的地貌、资源、交通、生态等多种因素息息相关的,因此城市的规划建设应当有继承也有发展。文化遗产与城市文化之间关系的复杂性与多样性,绝对不是单纯的建设行为和技术行为能够保护好的。在城市文化的发展过程中,我们既要保护好地表文化遗产,又要保护好地下遗产;既要重视上层精英文化遗产,也要重视来自民众生活中"接地气"的历史遗产,加强非物质文化遗产的保护;既要制定政策、法规来约束和管理遗产保护,又要引导公众的参与,以及与国际的交流与合作;避免过度开发的短视行为,同时也要积极培养文化遗产保护类人才。联合国教科文组织在 2006 年的文化与发展报告中就指出,有些官僚机构继承了殖民地的遗风,使文化遗产保护与公民的日常生活严重脱节,使得历史文化遗产好像是属于"国家"的,而不是属于"人民"的;还有的因为现代主义者建设城市的热情过于高涨,如在开罗,殖民地时期之前的城址被完全拆除,使得历史与现实之间的鸿沟被人为地拉大;另外,旅游业的过度开发也给历史文化遗产保护和城市自身发展带来了严重的问题。因此,在城市的规划与发展上,不妨借鉴意大利罗马的保护举措,他们把近三千年的名胜古迹留在了旧城区,为后人所瞻仰,然后开发了充满时尚与生活气息的新城区(图 5-6)。同样,我们也可以学习巴西的首都巴西利亚,用充满现代理念的城市格局、新颖别致的建筑和充满艺术感的艺术雕塑来展现现代人类的创新精神,树立了城市建设史与规划史上的里程碑,因而成了最年轻的世界遗产城市。因此,世界遗产在时空上没有绝对的要求,但它一定是最具代表性、最有人类发展意义的杰作,也是最需要得到社会大众广泛了解并支持的杰作。

图 5-6　意大利罗马斗兽场内景(来源:庄欣拍摄)

5.1.5　以文化遗产确立杭州城市文化特性和提升文化品质的重要性及可行性

　　城市的文化品质是指一个城市特有的或显著的文化因子所形成的文化精神、文化风貌和文化素质。而文化因子包含了一个城市的历史文化遗存、城市民俗风情、文化设施、文化团体、文化机构,以及可以成为城市文化标识的产品或品牌。(吴廷玉,2015)提升城市文化品质其实就是提升城市的品位,它是由城市的历史传统、文化积淀、生态环境、城市标志和市民风范等要素综合形成的一种文化境界,让亲近这个城市的人们能感受它的文化品位,并产生愉悦的欣赏体验。早在中国唐代就有"上有天堂,下有苏杭"的说法,杭州作为江南鱼米之乡的代表城市之一,拥有文化景观类遗产——西湖和文化线路类遗产——中国大运河(杭州段),其"文化遗产"的延伸概念就非常值得打造。杭州拥有众多不一般的非物质文化遗产底蕴,陶瓷文化、丝绸文化、茶文化、饮食文化、中医药文化、书画篆刻艺术、宗教文化等文化基因广泛流传于民间,成为百姓中修身养性的软文化。然而,杭州市的城市文化特性并不显著,城市建设与文化遗产保护之间的矛盾依旧存在。而只有当城市具备了明显的文化特性,在城市的外观与内涵上被他人所接纳,这样的文化才具备品质。而以杭州本土文化为代表的中国文化走出去,是杭城文化发展的必然趋势,也是城市发展的根本需求。

文化是一种价值观,从其本身的属性而言,文化可以分为意识形态层面的文化、历史遗产层面的文化和生活方式层面的文化。(王文杰,2013)从文化走出去的角度而言,杭州市百姓的生活方式是文化走出去的重要依托和落脚点,例如以龙井茶为代表的茶文化,杭帮菜为代表的饮食文化,中医药文化,丝绸文化普遍存在于百姓的衣食住行中。与此同时,历史遗产层面的文化较意识形态层面的文化更容易走出去,并被接纳,因为历史遗产正是多元文化不断交融而留存下来的。它涉及了文化与文明间的关系,正如前面所提及:文明偏在外,属物质方面;文化偏在内,属精神方面。文化可以产出文明,但文明却不一定能产出文化。文化是有生命力的,分析杭州城市文化特性,需要考虑以下几种弊端:首先,在城市化进程中片面地追求现代化与大手笔,容易导致种种所谓标志性建筑即高楼大厦拔地而起,而此建成之日也使得城市原有特色消失殆尽,最终落得"千城一面"的境地。然而重视城市细节,并使之充满情调,更容易让人流连忘返。意大利的威尼斯就是一个很不错的例子(图5-7)。它的街道不宽,楼宇不高,但是漫步在大街小巷中却能被每一处的建筑或是店铺所打动。它们各有特色,却相映成趣,使得威尼斯不仅仅因为被水环绕而成名,更多的是在于它独有的城市特色。此外,对于文物建筑还需在周边确定缓冲区或保护区,保持其原生态、环境和格局。同时在其周边的新建设中应注重烘托其文化遗产的价值,否则老城区的文化特色也会被人们逐渐淡忘,甚至破坏。因此对于城市文化品质中的历史文化遗存这个因子应给予格外的重视。城市的文脉是一条历史长河,由于其不可复制、不可再生,因此在城市规划中应当体现对过去、现在和将来的一脉相承。对历史文物建筑或是老城区应当单独保护起来。意大利罗马的古代城市遗迹被单独地按照区域划分出来,设置了隔离区,人们游走在旧城区时能够随时瞻仰这些古代文明产物,就如同走入了一个巨大的城市博物馆(图5-8)。想必耳濡目染的罗马人也一定对于雕刻与美学有着不一样的熏陶与理解。希腊雅典的卫城更是给予古代文明不可撼动的地位,站在卫城之巅,可见新建的城镇环绕四周,没有高楼大厦,没有怪异的建筑楼群。即便是山脚一些残存的大殿遗址依旧与周围的自然背景融合在一起,从未用城市和建筑压倒自然,赋予了自然风景以人情味。建筑师把这称为"尺度"(吉伯德,1983)。而卫城持续了近两百年的修葺工程仍在继续,以浮躁的眼光看来这似乎是浪费时间与精力,但是从另外一个角度而言,可见希腊人对于重现古代文明遗迹代代相传的重视与追求精益求精的精神(图 5-9)。另外,在城市发展的历程中,遗留下来的工业区是城市的一段变迁史,见证了城市发展的一个重要阶段,因此工业遗产保护对于城市文化遗产保护也具有重要的意义。例如中国美院的象山校区就是一个成功的典范,将破败的工业遗址改造成了一个文化创意园区,促成了创意人与原住居民"共生、共存、共谋发展"的新型艺术园区的城市形态。这给予城乡改造更多的灵感,也彰显了对于文化遗产的重视,而后期持续性的发展也有待政府有更加系统性的整合。

图 5-7　意大利威尼斯叹息桥(来源:庄欣拍摄)

图 5-8　意大利罗马街头遗址展示区（来源：庄欣拍摄）

图 5-9　希腊雅典卫城的剧院（来源：庄欣拍摄）

　　总而言之,城市的文化特性其实就是一座城市的 DNA,其历史文脉不是其他任何一座城市可以模仿、照搬的。在 2011 年中国十大文化竞争力城市排行榜中,进入前十名的文化强市中有七座城市属于文化古城,分别是北京、西安、南京、杭州、洛阳、徐州、广州。说起杭州必然会联想到西湖景观,这是自然和世世代代在此繁衍生息的人们共同创造的美景(图 5-10)。但是若要打造属于杭州的城市品牌,仅仅依赖依山傍水的美景还是略感欠缺的。其实,城市品牌的内涵还是相当丰富的,除了地域特色,资源优势(如景德镇的瓷器)、知名产品(如德国慕尼黑的啤酒)、重大历史事件(如红军二万五千里长征途中召开的遵义会议)、文化类活动(如法国戛纳的戛纳电影节)等元素,可以让城市的文化品质得以充分展现。杭州有以三潭印月和亭台楼阁相映衬的城市品牌标识;有把风景让给游人、免去西湖周边门票的大气;有斑马线前礼让行人的城市文明风貌。这些细腻之处体现了杭州的包容与大气。然而若是想把中国历史文化名城的城市品牌提升到被国际认可的高度,在切实以高标准、严要求做好两项世界文化遗产可持续性保护与发展基础之上保留城市独有的风土人情与城市情怀是一条重要的通途。杭州的西湖文化景观和大运河,是典型的与水有关的世界文化遗产,因此在城市文化特征的确立上可结合水文化,联系"五水共治"的发展要求,打造相关的文化特征,这也是提高城市文化品质的可行之处。

图 5-10　杭州西湖宝石山夜景(来源:庄欣拍摄)

5.2 世界遗产在杭州城市文化建设中的重要作用

5.2.1 世界遗产在杭州城市文化建设中的历史地位

作为中国八大古都之一的杭州,其影响力早在古时就远播四方。她文化积淀深厚,4700多年前的良渚文化,以及后来的吴越文化、南宋文化、明清文化,形成了一个完整的文化发展系列。五代十国的吴越国和南宋先后定都杭州,这也是杭州在中国古代历史上最繁荣、显赫的时期。那时西湖最早被称为武林水。《汉书·地理志》中记载:"钱唐,西部都尉治。武林山,武林水所出,东入海,行八百三十里。"后来因杭州古名钱塘,故湖被称为钱塘湖,在诗人白居易的《钱塘湖春行》里可见;由于湖在杭城之西,所以又被称为西湖,出自白居易的《西湖晚归回望孤山寺赠诸客》和《杭州回舫》。北宋以后,名家诗文大都以西湖为名,赞美杭州。如苏轼(宋)的《饮湖上初晴后雨》中的"欲把西湖比西子,淡妆浓抹总相宜"。尹廷高(元)的《雷峰夕照》中的"湖上画船归欲尽,孤峰犹带夕阳红"。董斯张(明)的《夜泛西湖》中"放棹西湖月满衣,千山晕碧秋烟微"。田庶(清)的《西湖柳枝词》中的"短长条拂短长堤,上有黄莺恰恰啼"。杭州西湖美景经历了这么多朝代,依旧在各类诗词中被颂扬,实属不易。意大利商人马可波罗(1254—1324年)在《马可波罗行记》中也曾用较大的篇幅介绍了元代杭州的风土人情。当时杭州的称呼为"行在城"。在游记中,这座有着美丽淡水湖和一条大河的城市被马可波罗称为是"世界最美丽华贵之城"。"行在城"方圆约有一百英里,它的湖有许多漂亮宽敞的楼阁,湖心的两个小岛上都有一座壮丽的建筑物。湖面上有许多游艇和画舫,游人坐在画舫的桌旁,眺望沿途的湖光山色,美哉美哉。它的街道和运河都十分宽阔,有许多广场和集市。城中各种大小桥梁的数目多达12000座,桥拱很高、建筑精巧,竖着桅杆的船可以顺利通过,而车马也能在桥上畅通无阻。"行在城"的居民很多是佛教徒,性情平和、容貌清秀、风度翩翩。居民平日穿丝绸衣服,住宅雕梁画栋,建筑华丽。也难怪古代的杭州被称为是马可波罗笔下的东方威尼斯。杭州素以秀美的山水著称于世,便拥有"上有天堂,下有苏杭"的美誉。

若把宋代之前的杭州西湖比作杭州的一个蓄水池,那宋代之后的西湖则吸引了当时众官员的目光,以至于南宋时期的西湖治理成了考核地方官员的条目,从此杭州与西湖的关系变得难舍难分。随着杭州城市现代化建设的展开,杭州的城市功能布局也在不断地做出新的调整与改善。为继承杭州不可多得的历史文化资源,20 世纪 80 年代以来,杭州陆续建成了代表中华文化的中国茶叶博物馆、中国丝绸博物馆、中国良渚文化博物馆、南宋官窑博物馆、胡庆余堂中药博物馆、张小泉剪刀博物馆等。如今,杭州还将重点保护并建设好一批有历史文化价值的保护区,如良渚文化遗址分布区、五代吴越文化保护区、南宋皇城遗址保护区、孤山清行宫保护区、鼓楼明末清初民居保护区等,借助文化遗产来还原并保留完整的历史文化名城之风貌。杭州西湖的综合保护工程从 2001 年开始启动,按照"申遗"的目标,以西湖核心景区为重点,从生态保护、环境美化、景观修复、水质治理、文化延续等多方面对西湖进行全面的整治与保护。此项举措改变了西湖风景名胜区管理体制的不当之处及景区城市化现象,打通环湖沿线并改善了影响西湖水质和景区环境的基础设施。(江涛、杨歌,2015)在 2011 年 6 月 24 日那天,"杭州西湖文化景观"终于通过联合国教科文组织的审议,成为我国第 29 项世界文化遗产。同样,京杭大运河也是凝聚了千年历史的世界文化遗产,具有高度的史学价值。当年马可波罗曾对杭州城区内密集的运河水网及运河在城市功能运作中起到的作用惊叹不已。京杭运河(杭州段)不仅承担了杭州市部分的交通运输任务,也帮助城市排污清洁,更是见证了长久以来杭州市民的日常生活和风俗民情,充满了杭州的城市记忆。由此可见,世界遗产不仅影响着杭州的过去,更可拉动城市经济、文化的发展,提高城市的国际知名度,成为研究文化历史变迁的活教材。

5.2.2　世界遗产确立了杭州城市文化的高品位

1992 年,在第十六届世界遗产大会上提出了一种新的文化遗产类型——文化景观,反映了对于世界遗产特征与价值的重新认识。2011 年 6 月杭州西湖以文化景观类型申报世界遗产,成功列入《世界遗产名录》,成为中国文化景观研究与保护的新起点、新篇章。文化景观的核心是突出反映了人与自然间的互动,相互融合并伴有物质与精神的证据,被联合国教科文组织认定为是一种"概念性而非功能性"的分类方式。对于西湖文化景观而言,这种"寄情山水""人景合一""景由心生"的中国传统山水美学,不仅在文化与自然之间搭起桥梁,还有助于弘扬中国传统美学理论和天人合一的世界观。由于西湖景观地处市区,城景交融,城中有景、景中有城,因此杭州西湖文化景观在城市的环境保护、生活质量提升,以及可持续发展等方面都具有重大的意义。2014 年 6 月大运河也成功入选了《世界遗产名录》,大运河(杭州段)将在新的历史舞台上焕发出蓬勃生机。不得不说,杭州兼具天时地利,自唐代起古代杭州就已形成"南宫北城""前朝后市"的格局,南临钱塘江,西近西湖,大运河则贯穿南北成为城市的中轴线。这般得天独厚的秀美风景兼具世界遗产的身份,对于发展杭州城市经济,帮助城市经济结构转型是大有裨益的。因此,当人们处于这种天人合一的美景中,自然而然地在对待自然、对待人类生存等方面会保持一种积极、和谐的态度。而人与自然的和谐关系也势必提升了杭州城市文化的品位与城市生活的品质,这是相辅相成的。而杭州刚刚结束的第十一届 G20 国际经济合作论坛峰会更是呈现给世界人民一种历史与现实交会的独特韵味,在文化精品的展示中凸显了"艺术无国界"。而西湖的美、大运河的俊是世界人民的世界文化遗产的瑰宝,它势必加速杭州国际化进程,提升杭州在世界的知名度,并推动经济、信息、文化等方面的发展与交流。而在 2022 年,杭州还将迎来第十九届亚运会,为此,借助世界文化遗产来提升城市软实力,并进一步扩大世界知名度是势在必行的。

5.2.3 世界遗产给杭州城市文化的发展带来了机遇

世界遗产不仅给杭州带来了名气,更是促进了杭州城市文化的全面发展。由于杭州文化资源丰富,除了西湖景区、园林、博物馆、遗址,她还拥有丰富的茶文化、饮食文化、丝绸文化、书画篆刻文化、中医药文化、宗教文化等,这一切成就了地方特色的文化资源优势,为发展文化产业特别是旅游产业提供了保障。杭州西湖申遗的十多年里,在申遗的过程中充分体现了保护原则。2002 年起实施西湖综合保护工程,2008 年起开展文化景观重点整治工程,极大地改善了西湖的保护状况。自 2011 年申遗成功后,杭州更是切实按照世界遗产的高标准、严要求来保护和管理西湖文化景观遗产。同时杭州西湖坚持"六个不":一是"还湖于民"的目标不变;二是门票不涨价;三是博物馆不收费;四是土地不出让;五是文物不破坏;六是公共资源不侵占。在西湖风景名胜区的监管过程中,不允许城市发展的新建项目对西湖景观区域进行渗透,同时开放西湖沿边的自然景区,不收取任何门票费用。这是服务型政府浓重的一笔,将公共资源还给老百姓,不仅大幅拉动了旅游业,也提高了杭州的知名度,更是标志着杭州向国际化大都市发展更近一步。

　　拥有世界文化遗产的历史文化名城,除了具有城市的一般属性,还应当拥有它的文化个性。城市的特色不能仅限于城市的外貌、建筑特征、文物古迹这些视觉上感知,还要展现出这种城市的物质与精神方面的特点。(沈福煦,2012)就如世界遗产——杭州西湖文化景观,它周边的大量景点不但为杭州旅游创造了绝佳的条件,更是成了杭州城市的审美中心。平民化和综合化的特点使它成了市民的文化休闲中心及文人雅士精神自由的空间。而京杭大运河从古至今更是承载了杭州城外香客来杭进香的风俗习惯,被称为"西湖香市",同时也成就了杭州"东南佛国"的地位。此外,运河文化记忆中的桥船码头、手工作坊、房屋建筑、街巷风景,使得江南城市的韵味一览无余。杭州的世界遗产不仅仅记载了历史文化,更是应该复兴其千年文化,确立并保护好城市的身份认同。如果在杭州的城市化进程中,用现代的旅游文化取代旧有的运河文化,抹去原有的风貌,那世代流传的运河文化将逐渐消失,且不再具备复原的可能。城市里的"软"文化一旦湮没失传,这座城市就会失去其特有的精神与气质。因此,我们应从世界遗产的角度重审杭州城市文化发展的道路,抓住契机让城市充满活力,但又应当允许每一个时代都在城市中留下自己的印记,只有如此,杭州的城市文化才不会失去自己的灵魂。

5.3　世界遗产对于杭州城市文化影响力的调研与分析

5.3.1　高等教育全球化对杭州城市文化的影响

　　如前面所提,文化的最初含义就是教育。"观乎天文,以察时变;观乎人文,已化成天下。"在知识经济和全球化迅猛发展的今天,城市居民的素质决定了一个城市的文明程度,而大学则成了衡量一个城市文化水平高低的关键指标。大学精神与大学文化是一座城市的独特景观,也反映了这座城市的精神面貌与文明所在。而这种软实力正在不断地吸引全国乃至世界各国的年轻精英来到浙江省,来到杭州去了解、认识中国的文化,去寻找自己的成长机会。2013 年浙江省教育厅首次发布《浙江省普通高校国际化水平排名》，据其中《浙江省来华留学生数据统计表》统计，2012 年浙江省高校的外国留学生占在校生总数比例达 1.78%。留学生来自 160 多个国家和地区，排名前 6 位的国家依次是韩国、美国、日本、印尼、泰国和英国。这些数据说明了全球化的进程势不可当，留学生的素质也在逐年提高。在多元文化涌入中国的时候，作为高校乃至一座名城，都会经历跨文化的国际性交流。对传统经典文化的保存与传承，将决定它能否与外来文化兼容并蓄，并创新发展。因此，如何宣扬杭州本土文化，如何接纳外来文化，如何让杭州的世界文化遗产的影响力远播出去，这些都是杭州城市文化发展必须面对的挑战。

5.3.2　世界遗产对于杭州城市文化影响力的调研

基于以世界遗产为代表的文化遗产与杭州城市文化的互动关系，课题组就在杭留学生对杭州城市文化及文化遗产，乃至中国文化的接受度与认同度做了一项调研，以期了解杭州以两项世界遗产为代表的文化遗产在国际友人中的影响力。课题组从两个区域、三个阶段、四个维度开展了定性为主、与定量相结合的跨文化认同度的调研。调研中的两个区域就是指杭州市与上海市。调研组联系了在杭的外籍留学生 100 名及在沪工作的 50 名外籍人士进行了以开放性问题为主的问卷调查，以期将结果进行对比与对照。三个阶段是指把外籍留学生逗留在杭城的时间段分为了来杭之前、之中与离杭前三个阶段，旨在了解他们在杭州的生活体验，发觉他们的认同变化。用问卷调查，结合访谈与日记的方式对 100 名留学生进行了调研，其中 20 名留学生接受了更进一步的访谈，38 名留学生共享了他们在杭逗留的文化生活与学习的体验日记。被调研留学生包含了短期访学（最少一个月）和中、长期进修学习的留学生，他们中一部分人已经回国，还有一些将继续逗留在杭州。四个维度是指从国家形象、城市文化、人文互动、生态建设四个方面来了解留学生对一个城市乃至国家的文化认同度。因此在问卷设计中，仅对第一阶段的问卷中设计了少量的选择题，以判断留学生对中国及杭州的城市文化及以世界遗产为代表的文化遗产的了解程度，其他均为开放性问答，主要关注他们对城市跨文化交流的认同度及想法、建议。

5.3.2.1　国家形象

国家形象这一概念起初被应用在市场营销领域，即所谓的"原产国效应",因此 country-of-origin image、country image、product-country image 都被翻译为"国家形象"。本文的调查中,主要了解外籍学生一般是通过什么渠道了解中国,对中国的总体印象,中国的优秀之处与不足之处,中国最引人注目之处,以及列举他们心中关于中国最重要的信息或者知识等。被调查的 100 名在杭留学生和 50 名在沪外籍人士,他们的基本情况如表5-1所示。

表 5-1　被调查外籍人士的基本情况

	在杭留学生		在沪外籍人士	
第一次来中国	是 61%	否 39%	是 94%	否 6%
对中国有全面的了解	是 78%	否 22%	是 54%	否 46%
第一次来到这座城市	是 67%	否 33%	是 46%	否 54%

从外籍人士的基本情况来看,在杭留学生在选择留学或访问的国家时都是经过慎重考虑,会从办学质量、学籍管理、学习内容、经费支出等方面综合衡量,有些会因为曾经来过中国甚至杭州而选择在中国杭州进行继续教育。选择在上海工作的外籍人士,更多是从该城市的国际知名度及就业的机会来考虑。因此,对于一座城市乃至国家而言,对外的知名度与影响力是首要的因素。被问及是通过什么渠道来了解中国文化的,两座城市的半数以上的外籍人士选择了大众传媒,其次是书籍、旅游参考手册及网页。外籍学生更多地参考书本、课堂教学及网络资源;就业的外籍人士还会通过口口相传来了解中国。

国家形象就是一个国家的名片。被调查访问的杭州与上海外籍人士谈起对中国的整体印象时,主要谈及了 4 个方面,关注度由高到低分别为:(1)历史与文化;(2)人民;(3)国土与资源;(4)经济发展。在谈及中国所具有的吸引力时,很多外籍人士首先都会赞叹中国的古老文化、历史与语言,喜欢聆听中国的历史典故和民间传说故事;中国幅员辽阔,很多奇特的自然景观及文化遗产也吸引了不少外国游客;中国的特色建筑、饮食文化、茶文化、纸墨文化、丝绸文化、武术文化等展现了这个国家的悠久历史;当然有一些外籍人士也注意到了中国巨大的变化,尤其是在经济发展方面,他们看到了开放的、充满活力和机遇的市场,在生活消费、人员雇佣等相对便宜的情况下,在中国创业拥有了无限潜力。在谈及中国的不足之处时,很多外籍人士讲到了人口众多所带来的问题，诸如贫富差距不断增大、环境污染日益明显、交通拥堵等；也有人指出一些网络资源不能在中国实现共享（如不能登录Facebook、YouTube 等国外网站）；当然最主要的问题还是对于文化差异上的沟通与理解，有一些外籍人士表示不太能适应或者无从适应。在做访谈的时候，有外籍人士表示中国人的探索精神不足，偏保守；还有人认为现在的中国文化与日本和韩国没有太多的区别，很难找到真正属于中国的传统与国粹；对于中国人民的评价，大多数表示中国老百姓还是好客、友善的，但也不排除一小部分人利用外籍人士的初来乍到，表现出无良无德的品性。

5.3.2.2 城市文化遗产

城市文化遗产的表现形式可以分为两类，一类是物质性的，一类是非物质性的。从外籍人士对于文化表现内容的认知程度中可以判断出他对于一座城市的理解与印象。课题组选取了具有代表性的 15 项文化遗产，来了解在杭留学生及在沪外籍人士的认知度。问卷中的文化遗产内容是以乱序方式呈现，归纳结果见表 5-2。其呈现方式，前半部分是以大中国为特色的文化遗产表现内容，后半部分则以浙江杭州为主。从 3 种认知程度（未知、听说、熟悉）来分别了解杭州和上海外籍人士的认知度，最后从两地的第 3 种认知程度总结出每个文化遗产内容的知名度。

就对文化遗产的熟悉程度而言，在杭留学生对世界文化遗产杭州西湖非常熟悉，排在第 1 位，因而丝绸之路、西湖龙井，以及随胡庆余堂而衍生的中医药文化也因此闻名遐迩，分别排在第 3、第 4、第 5 位。虽然中间穿插了一些知名的文化内容，但杭州的佛教圣地灵隐寺为代表的宗教文化，以及动人的西湖民间传说白蛇传为代表的非物质文化遗产还不至于名落孙山，分别排在第 10 和第 12 位。在对上海外籍人士的调查中，不同的数据也展现了不同的认知度。列在前 5 位的文化内容分别为：长城、宣纸、紫禁城、端午节、中国草药。对于杭州的熟悉度，杭州西湖与西湖龙井并列第九，灵隐寺和白蛇传位于第 11 和第 14。虽然从数据中可以看到，在沪的外籍人士对于杭州不算熟悉，但也并不十分陌生；而他们对于中国文化的了解，不是从本地文化入手，更多的是从对中国大文化的认知与熟悉开始。较上海而言，杭州可以称得上是中国文化多元素的城市。

表 5-2　两地文化表现内容认知度对照表

文化遗产内容	从未听说		曾经听说过		知道并学习、了解过		
	杭州	上海	杭州	上海	杭州	上海	知名度
长城	0％	0％	56％	13％	54％	87％	1
紫禁城	11％	0％	56％	20％	33％	80％	2
四大发明	44％	50％	50％	27％	6％	23％	13
文房四宝	67％	73％	33％	20％	0％	7％	15
端午节	22％	7％	56％	13％	22％	80％	3
十二生肖	56％	27％	22％	13％	22％	60％	8
太极拳	56％	67％	28％	7％	16％	26％	11
宣纸	67％	8％	28％	7％	5％	85％	7
中国草药	6％	0％	61％	33％	33％	67％	5
汤团	78％	40％	17％	0％	5％	60％	10
西湖	11％	53％	22％	13％	67％	34％	4
西湖龙井	28％	53％	28％	13％	44％	34％	9
丝绸之路	22％	7％	28％	47％	50％	46％	6
灵隐寺	61％	53％	33％	20％	6％	27％	12
白蛇传	78％	73％	17％	7％	5％	20％	14

注："知名度"根据杭州组与上海组"知道并学习、了解过"的百分比之和的高低进行排名。

　　从杭州、上海两地对中国各文化内容的整体熟悉度而言，大中国的主导文化是最受瞩目的，但世界遗产杭州西湖、草药文化、丝绸之路能跻身第 4、第 5、第 6 名，也已是具备相当不错的影响力了。如何把这些文化内容作为一座城市的品牌宣传出去，让杭州城市文化在世界范围具备影响力与识别力，就成为了关键。杭州的西湖龙井、灵隐寺、白蛇传在这次的知名度调研中分列第 9、第 12、第 14 名，这说明了在做文化品牌时的一个重要问题，即我们所关注的是否就是国际友人所关注的。除此之外，对文化遗产的宣传与推广是否到位也决定了城市文化的影响力与知名度。在之前的对"国家形象"的调查中就已经发现，外籍人士愿意来一个国家学习、访问、工作，不仅仅是因为自然环境，他们更多地会考虑这个国家是否有久远的历史、深厚的文化、发展的动力，是否有值得他们来学习的地方。对于城市的选择更是如此,学习或工作的机会是其一。另外,杭州除了以西湖为中心的城市居住环境能够吸引外籍人士的逗留,更多的还是要展露她独特的文化内涵,诸如丝绸文化、茶文化、饮食文化、中医药文化、宗教文化、书画篆刻艺术等,而这些文化内容如何让外籍人士一起来感知、认识、喜爱,并介绍出去,这才是杭州城市文化走出去的根本。

5.3.2.3 人文互动

中国的传统文化强调"天人合一",人类不应有操纵环境的想法,而应顺应环境调整自身,正如基辛格在《论中国》中提到"中国人的历史观强调的是衰落与复兴的周期,在这一过程中,人可以认识自然和世界,却不能完全主宰,最佳结果是与之融为一体"(基辛格,2012)。古代中国的文化势力圈覆盖整个亚洲大陆,非欧洲国家可比。究其原因,除了疆域面积辽阔,更多的是当时中国人对于自己文化的自信。随着历史的冲突与变迁,中国人渐渐明白文化上的鸿沟是需要弥合的,中国需要向外部世界开放自己,当代的中国文化自觉需要与民族文化复兴结合起来。即费孝通(2005)所说,文化自觉是要对自己的文化有自知之明,这是文化延续下去的根和种子。然而文化只有种子还不行,它需要发展、开花、结果,因此如果传统文化没有了创造,那就没有了生命力。

为了了解杭州的文化魅力与活力,在调研中课题组记录了在杭留学生对杭州的印象及他们心目中杭州的最佳去处。谈及最多的还是杭州的自然及文化历史景点,西湖、宝石山、雷峰塔、良渚文化村、吴山、苏堤、九溪十八涧等。当留学生得知杭州曾是中国历史上的首都时觉得她是一个不可多得的宝地,而西湖民间传说故事更是赋予了杭州浪漫、神秘的色彩。有一些留学生说杭州不像是传统意义上的都市,因为城市街道处处可见绿荫、花卉,而融入城市中的西湖山水让他们错以为是来到了郊外,她保留了中国的部分传统,因而使得她完全不同于混凝土群生的普通城市。此外,留学生还谈到了杭州的生活方式也很不错,日常开销不大、公共交通便捷、购物方便、气候宜人,各种美食让人流连忘返。另外,提到杭州市民,几乎所有的外籍学生都给予了称赞,觉得杭州市民非常的和善、热心,也能找到可以交流的本地人(多指大学生)。

在调研中,课题组请在杭留学生提出了对杭州城市改进的建议。首先他们提到的就是语言。会说英语的杭州市民太少,有些人会听、会读,但仍旧不会表达出来,因此语言成了最大的交流沟通障碍。其次留学生提到了城市服务,很多地方没有相应的英文翻译,会用英语交流的人又很少,所以办理一些手续很不方便,需要经常寻求中国学生的帮助。另外,由于宗教信仰不同,留学生在饮食及宗教活动上会有一些限制,但又难以找到解决办法。除此之外,留学生提出希望能在杭州找到兼职工作,既可以锻炼他们的语言与技能,又能帮他们尽快融入中国社会。当然在某些敏感问题上,也有个别留学生觉得会有"种族歧视"的现象,因为自己是深肤色,有时会遭遇被忽视的现象等等。总而言之,要提升城市形象,全民素质及包容度必须得提高,这还有待继续努力。相对而言,在上海的外籍人士的反馈就反映出了另外的问题,如他们认为很多上海本地人会很在乎钱,却很少在乎承担起责任,因而他们建议人们应更充满关心与爱心,关注他人的福祉并尊重他们,提高民众的素质,给予他们表达内心的机会。根据两座城市的调查反馈,我们不难发现一座城市的文化气息着实影响着这座城市的软实力发展。每座城市都有其丰富的文化资源,但是许多还未得到很好的开发、利用和保护。在经济上,我国处于迅速发展中,但是人民的各方面素养还未得到真正的提升与改善,中国文化还没有提升自己的吸引力、竞争力与创造力,值得让他国羡慕、效仿。如果一座城市不能给予自己很好的定位,不能找到自己的文化精神与文化品牌,不能让全民凝成一股劲儿地为之服务,那这座城市所带来的文化氛围只能处于弱势,文化交流与传播就更不知从何谈起了。

5.3.2.4　生态建设

生态文化是文化的重要组成部分,是人与自然和谐共存、协同发展的文化。当然,生态哲学更是把世界看成是"自然-人-社会"的一个复合的生态系统,因此究其内涵,从价值取向来说,生态文化是从人统治自然的文化过渡到人与自然和谐相处的文化;从形态载体来说,既可以是有形载体,诸如自然承载物、人化自然物、生态文化产业、创意新业态,也可以是无形载体,诸如信息载体、非物质文化遗产载体和文化知识载体。(江泽慧,2013)对于杭州这一个集旅游与轻工业发展于一体的城市来说,更需要平衡自然与社会、与人的关系。如果城市发展仍旧是维持传统文化模式下拉动经济增长的发展观,那这种功利性的价值观只会让人类对自然不停地索取和掠夺,而生态环境的失衡将会阻碍经济社会的可持续发展。

在本次调研与访谈中,在杭留学生都谈到了杭州的美丽景观,认为她是一座美好、和平的城市，世界遗产西湖就像是城市的心脏，动人且充满了活力。城中有景，景中有城——这是杭州最具魅力，也是最独特的地方。但是留学生也看到了杭州发展的另一面，指出了杭州污染的严重性，尤其是空气污染。碧水蓝天是每个生态人都希望见到的情景，人对生态环境做出的任何举止，很大程度上是取决于所秉持的文化。例如云南省的少数民族村寨，台湾阿里山的森林文化（图 5-11），新加坡的城市公园文化等对生态文化进行了有效的传承与发展，为人类文明造福。因此杭州的生态文化发展需要全民的培养与意识的产生，不应仅停留在精神境界中，而应把生态文化外化到行为过程中。在被调查的在杭留学生中，65％的人表明他们愿意留在杭州，当然前提条件是找到合适的工作。留下来的理由列前 5 位的主要是：杭州气候宜人、杭州人民很友善、喜欢杭州的生活方式、喜欢杭州的文化、正在发展的杭州充满了机遇。他们更在乎的是一座城市的环境，它包括自然环境、社会环境、人文环境。如果他们对于杭州能有发自内心的喜爱与欣赏，并提供适时的机会，他们会愿意留下来成为杭州的一员。另外 35％的人不愿意留在杭州的主要原因是：语言沟通有障碍、饮食不适应、会思念家乡。不难看出，在杭留学生更多的是被杭州的生态文化所吸引，它包括自然的，也包括人文的。城市是文化生活的自然组织模式，如果城市布局合理、功能完善，它就可以成为一个文化与自然融合的最佳工具。（王如松，2002）

这也提示了杭城的自身魅力应该主要来自杭州人民对自己文明、文化的一种再认识与再肯定，即对自己文化的自信度。例如，杭州是最早开展公共自行车试点的省会城市，它的明显优势在于便捷、绿色出行、缓解城市交通压力等，这种生态型的城市发展让每一个杭州人民都感觉到自己城市无论是在意识上，还是行动上都已处于与国际接轨的水准。又如，杭州公交车率先引领的"斑马线礼让"，不仅让杭州人民受益并深感自豪，也让外来人群纷纷赞叹；杭州市文明办联合团市委、杭州市地铁集团在推行"先下后上乘地铁，文明一米迎嘉宾"的文明乘车的宣传；由公交车 K155 路与 55 路演绎的"情感巴士"，给杭城增添了浪漫与人文气息，使杭州人愿意使用公共交通出行。而杭州公交集团推出的无线网络公交站台联网城市——免费 Wi-Fi"Gongjiao_free"项目，不仅仅给杭州的人们提供了便利，也体现了一座城市的现代化、智能化与包容性。另外，杭州开放了沿湖的大部分景区，实行免费参观游览的举措，也体现了这座城市的大气及强调了人性化时代一种回

图 5-11　台湾阿里山古木群生(来源:庄欣拍摄)

归自然的生态行为。总而言之,生态文化也在与时俱进,也在传承、发扬优秀的,摒弃落后、脱离时代的,只有杭州人民对于家园生态环境产生喜好的情感,才会促成对生态产生保护、歌颂,甚至崇拜等意识与动机,在如此良性的文化影响中,正确的生态行为才会产生。可以说行为与文化是互相影响、互相转化的。(江泽慧,2013)

5.4　存在的问题

5.4.1　对杭州的世界遗产宣传力度不够

就全国范围而言,中国的世界遗产分布在空间上十分广泛,呈现出东部集中、西部稀疏的特征,这是历史发展的结果,也与自然地理条件有着密切的关系。但是浙江省作为经济、文化大省,世界遗产零的突破一直到 2010 年才实现。2010 年在巴西举行的第 34 届世界遗产大会将"中国丹霞"列入《世界遗产名录》,联合申报该项目的浙江江郎山名列其中,浙江省终于拥有了第一项世界遗产。2011 年杭州西湖以其突出的文化景观价值得以成功列入《世界遗产名录》;2014 年中国大运河成功申报世界遗产,杭州段是其中非常重要的一部分。很显然,就世界遗产工作而言,杭州市的起步比较晚,在相应的宣传与保护工作上还有待迎头追赶。在之前的调研中,我们发现由西湖延伸的一些民间传说故事、神话等非物质文化遗产,并没有广为外人所知晓。非物质文化遗产是活态文化,它的载体就是人,且具有较高的历史、文化、科学价值和鲜明的区域特色。日本和韩国是非物质文化遗产保护运动的先行者,也是最早的倡导者。由于西湖文化景观所代表的是"自然与人类的共同作品",能够体现杭州基本而独具特色的文化,并被国家文物局定义为"共生型"遗产地,即遗产区内有社区,且居民与部分遗产价值有关,(国家文物局,2012)所以杭州西湖不仅在自然环境中应凸显与人共荣共存的理念,更应该在文化传承上下足功夫,体现出老百姓的文化认同感并自觉地保护西湖人文生态环境,带给自然一种独特的和谐之美。相较而言,西递宏村或是丽江古城这类"原生型遗产地"的居民对遗产价值的了解程度均高于共生型遗产地。一方面是由于遗产区内的遗产价值是由社区居民创造的,另一方面是由于当地居民熟悉传统文化、民风民俗,按照自然条件和传统的生活习惯,真实地保护了地方艺术、习俗、饮食等非物质文化遗产,传统文化得以很好地传承。而杭州的社区与遗产文化价值的关联程度一般,外来人口与外来文化对传统文化产生了影响,使得传统文化被趋同或是弱化,因此百姓对世界遗产地的价值及相关的保护知识知晓得不多或者不全面,缺乏足够的意识与重视度。只有百姓、文化与美景真正结合且相影相随了,并保留原住居民的比例及对世界遗产价值的认同感与自豪感,愿意宣传文化遗产的相关知识与信息,积极传承文化精髓,作为世界文化遗产的杭州西湖和大运河(杭州段)才能拥有良好的文化氛围,才能对杭州的城市文化产生积极影响。

5.4.2 杭州的优秀传统文化还未真正"走出去"

杭州的优秀传统文化非常多元,茶文化、饮食文化、丝绸文化、书画篆刻文化、中医药文化、宗教文化、陶瓷文化等都凝结了中华文化的精髓,是优秀中华传统文化的代表,也是与国外交流的重要媒介。但在传统文化的保护与传承上还有可以进步的空间。比如央视的关于中国饮食文化的纪录片《舌尖上的中国》,在全国乃至全世界范围内引起巨大反响,人们在欣赏中国美食的同时,也在思考"文化认同"与"文化软实力输出"的问题。以杭帮菜为代表的杭州饮食文化也拥有悠长的历史,每一道传统的特色佳肴里都有着不一般的传说故事。在杭州 G20 峰会时,更是结合了陶瓷艺术与饮食文化,把杭帮菜展现得淋漓尽致。峰会之后,有许多游客赶往杭州购买瓷器、品尝佳肴,这就是文化的魅力。同样,以胡庆余堂中药文化为代表的杭州中医药文化,除了拥有国内保存最完好的晚清工商型建筑群,还秉承"戒欺"祖训、"真不二价"的经营方针,大力弘扬传统中医药文化,并入围首批国家级非物质文化遗产名录。胡庆余堂百年沉淀的中医药文化已有一定数量的书籍和影视作品加以传播推广,但是较北京同仁堂而言略显不足。一方面与政府的宣传力度有关,另一方面在文化传播渠道上还需更加多样化。自2006 年起北京同仁堂曾先后多次举办不同形式的讲座及义诊,组织各种培训活动,对外签署合作项目,并且在央视开播养生类节目,深受老百姓的喜爱。杭州胡庆余堂中药文化同样具备丰富的人文内涵和实用意义,具备"走出去"的实力,应该学习同仁堂,超过同仁堂。当我们在努力实现优秀传统文化的保护与"走出去"战略时,杭州的两项世界遗产是很好的平台与渠道,值得我们深入研究与探索。

5.4.3　城市规划与世界遗产的平衡点不明确

走进很多拥有世界遗产的国外历史文化名城,不难发现他们都有一个共同的特点:既重视社会经济发展对城市的要求,又重视保持城市在各个历史时期的面貌,这是他们几百年来重视文化价值、尊重过去人类成果的体现。在这些历史文化名城中,我们能看到基本完整的历史发展过程,除了大城市的框架、公共设施、官府宫殿,我们还能看到特别居住区(如外国人居住区、使馆区)、近代历史区、新旧工厂和老式作坊等,每一处遗迹都有一段说不完的历史。然而我国的历史文化名城对于名城的价值标准没有严格的要求,尤其在保护方面,致使其与国外的不少历史文化名城相距甚远。一方面是由于政治和意识形态的要求,改朝换代的时候要割断旧传统、砸烂旧世界,另一方面我国在相当长一段时间内缺少真正的文化遗产保护专家宣传并切实制定各种方案来保护现存的物质与非物质文化遗产。

城市的规划需要考虑城市的文化魅力。世界的文化名城中,世界遗产之城巴西的首都巴西利亚就是一个历史很短,却很有特色的城市。无论是在理念还是规划与建成上,都算得上是最模范的——在城市建筑文化的延续上体现了历史的积累,例如在现代建筑中融入或保留了古希腊、古罗马的柱式结构,歌特式建筑的飞扶壁,巴洛克建筑以教堂尖顶为中心的放射型的城市道路等元素。在中国,古代能工巧匠创造的复杂而又精致的屋顶飞檐、雕梁画栋的建筑、宽阔方正的城市道路,以及各个朝代所推崇的时代气息(汉代敦厚朴实,唐代雄伟端庄,宋代秀美纤细,明清宏大富贵),都可以让后人借鉴并发扬。但是若在秀美的世界遗产——西湖文化景观周边矗立起方格子大玻璃等千篇一律的现代化城市建筑,只会破坏城市的文化魅力。在这一点上同是中国历史文化名城的西安值得借鉴学习。它拥有中国现存规模最大、保存最完整的古代城墙(唐城墙和明城墙),在城墙内的古城区里钟鼓楼屹立其中。随意游走西安新城区时,可以发现即便是新建的楼盘,依旧保留了古代的建筑风格,别有一番特色(图 5-12)。杭州在平衡城市建设规划与城市文化发展、世界遗产保护之间的关系时,既要保护好城市中的文化遗产区域及传承非物质文化遗产,提高民众的认知度,又要注意城市建筑规划的和谐、统一,保留杭州作为古都名城的特色,这样才能使杭州具有更高层次的外观上的特色与内在的魅力。

图 5-12　西安市古城墙(来源:庄欣拍摄)

5.5 结语：借助世界遗产提升杭州城市文化的策略

世界遗产往往是一座城市的灵魂与精神所在，因而有效保护并合理利用世界遗产有助于增强城市的文化内涵，有助于提升城市的独特魅力，塑造文化名城的形象。而显著的城市文化特色主要来源于该城市的历史文化底蕴、人文地理环境，以及城市居民的道德素养与文明风尚。这些充满个性特色的信息都被保留并记录在城市的世界文化遗产之中，与之共生共荣。世界文化遗产所强调的核心理念是遗产中包含了普世的人类文化价值，它超越了民族性、地域性或者其他形式的特定性，因此杭州不应该仅仅视己为一个旅游城市，更应当用世界遗产的文化魅力与文化价值来充实、提升城市的世界遗产的品位和影响力，产生城市的品牌效应。

就拿杭州西湖博览会来说，自 2000 年起杭州每年都要举办一次西湖博览会，但第一届西湖博览会其实是在 1929 年召开的，其时代背景与社会环境是纷乱而令人忧心的。但是，当时的组织者是充满信心的，对于西博会的缘起，用当年的原话来说："西湖为天下名胜，凡游览西湖者，莫不顿起爱慕之心，此次博览会，借以征集全国著名物产陈列，供国人研究比较，复冠以西湖名称，并即在西湖开会，是欲使天下人移爱慕西湖之心以爱慕国产，则国产之发达，正未可限量。"第一届西博会的宗旨是"提倡国货，奖励实业，振兴文化"，历时 137 天，通过革命博物馆、自然博物馆、艺术馆、农业馆、教育馆、卫生馆、丝绸馆、工业馆，以及航空陈列馆等展览与交流彰显了当时我国的文化经济实力。(杭州网，2014)2012 年当习近平总书记把"中国梦"定义为"实现中华民族伟大复兴"之梦时，我们似乎又看到了当年的社会管理者和广大民众迫切地希望弘扬民族精神，团结各种力量，欲把国家利益、民族利益与每个人的具体利益紧密相连的强烈愿望。适时，"杭州梦"也应该诞生了，杭州所拥有的世界遗产应该成为城市的灵魂。

拥有世界遗产的"文化杭州"应当是一个充满历史记忆与人文魅力的多元文化竞相发展的城市。每一个杭州的市民应当具备杭州精神，即对杭城充满着强大的情感凝聚力和价值认同感，有着奋发向上的创新精神与活力，市民具有较高的文化素养，社会具有良好的道德风尚，积极传承地方文化，但又能广泛吸纳其他国家文化的精华。如果说"中国梦"追求的是建立在国家富强、民族复兴、人民幸福基础之上的个人价值的实现,那么"杭州梦"将会更加贴近每个杭州市民的愿景,是每个新、老杭州人都愿意为之努力付出的理想,能唤起人民群众对地方民族文化的热爱,并愿意将世界遗产带给子孙后代。无论是物质文化遗产还是非物质文化遗产,它都是一座城市的特殊文化基因,是城市文化特质的最集中体现,也是最难以替代和模仿的、最持久的竞争优势。因此,我们应当加大对"文化遗产日"的宣传,开拓更多的文化遗产事业发展的项目,给予世界遗产以仪式感,让它浸润着杭州市民的生活,彰显杭州的独特文化气息。它将推动每个杭州市民的文化自觉与文化自信,只有具备了对民族文化的认同感与自豪感,人们才愿意同舟共济、互荣共生。

意大利是世界遗产保护的模范,从创建本国的遗产委员会到不断完善文化保护的教育与培训体系,文物修复成就了其庞大的文化产业。美国关注对无形文化遗产的保护和利用,以国家公园的模式来保护自然与文化遗产。日本通过提高非物质文化遗产继承人的社会地位来关注文化遗产的传承,并高度关注文化遗产保护的技术方法。在希腊,政府与社会达成共识:破坏文化遗产就是破坏历史文化,因此他们有专业的文化遗产管理部门管理世界遗产。此外,不同于中国的是,他们对于文化遗产按照其价值等级实行分级管理,因此对于相应的管理者的行政级别、管理制度和业务能力的要求也会有所不同。正因为世界遗产是人类文化与文明的突出代表,所以拥有世界遗产的许多国家视其为国家乃至全人类的共同财富,始终把可持续性保护放在第一位。因此杭州应当意识到世界遗产地是世界遗产价值体现的一种形式,它需要高品位、可持续发展的策略。以此为鉴,杭州市在世界遗产的保护与发展中,除了要用专业的态度和能力保护好其特有的自然环境与资源,更要做到自然与人文的协调统一,做到能体现出世界遗产的历史价值、审美价值、艺术价值、科学价值与社会价值。如果说对"文化遗产日"的宣传与纪念只停留在浅表的层面,那么我们应当积极利用传统节日、保护基地、交流平台让(非)物质文化遗产的展示成为常态。积极发挥文化遗产部门的专业特长,为世界遗产的保护工作尽心尽力的同时,让老百姓也能看得懂、听得懂,愿意一同参与到世界遗产的保护运动中。

参考文献：

[1] F. 吉伯德. 市镇设计[M]. 北京：中国建筑工业出版社，1983.

[2] 费孝通. 费孝通论文化与文化自觉[M]. 北京：群言出版社，2005.

[3] 国家文物局. 世界遗产与可持续发展[M]. 北京：文物出版社，2012.

[4] 享利·基辛格. 论中国[M]. 胡利平，等，译. 北京：中信出版社，2012.

[5] 杭州网. 第一届西湖博览会究竟啥模样？［N/OL］. （2014-10-19）［2017-03-17］. http://hznews. hangzhou. com. cn/chengshi/content/2014-10/19/content_5489701. htm.

[6] 江涛，杨歌. 推陈出新：杭州历史文化的演绎[M]. 杭州：浙江大学出版社. 2015.

[7] 江泽慧. 生态文明时代的主流文化：中国生态文化体系研究总论[M]. 北京：人民出版社，2013.

[8] 李发平，傅才武. 文化资源 文化产业 文化软实力[C]. 北京：中国社会科学出版社，2011.

[9] 联合国教科文组织，世界文化与发展委员会. 文化多样性与人类全面发展——世界文化与发展委员会报告[M]. 广州：广东人民出版社，2006.

[10] 理查德·D. 刘易斯. 文化的冲突与共融[M]. 北京：新华出版社，2002.

[11] 沈福煦. 城市文化论纲[M]. 上海：上海锦绣文章出版社，2012.

[12] 李文华，王如松. 生态安全与生态建设[M]. 北京：气象出版社，2002.

[13] 王文杰. 文化走出去[M]. 北京：人民日报出版社，2013.

[14] 王岳川. 文化输出：王岳川访谈录[M]. 北京：北京大学出版社，2011.

[15] 魏恩政. 文化与文化的力量——有感于党的十七大提出推进文化的大发展大繁荣[J]. 理论学刊，2008(2)：13-17.

[16] 吴廷玉. 城市文化策划与城市生态研判[M]. 北京：清华大学出版社，2015.

[17] 杨丽萍. 城市文化手稿[M]. 郑州：大象出版社，2008.

[18] 于富增. 改革开放30年的来华留学生教育 1978—2008[M]. 北京：北京语言大学出版社，2009.

[19] 喻国明.《传媒国际贸易与文化差异规避》序言[J]. 传媒，2013(3)：78-79.

[20] 张国祚. 文化软实力研究[J]. 中国高校社会科学,2015(1):42-45.

[21] 张红玲. 跨文化外语教学[M]. 上海:上海外语教育出版社,2007.

[22] 赵晴. 城纪(文化卷)[M]. 杭州:杭州出版社,2011.

[23] 浙江省文化厅. 浙江省文化文物统计年鉴2015[M]. 杭州:浙江省文化厅,2015.

[24]《浙江文化年鉴》编纂委员会. 浙江文化年鉴2014[M]. 北京:中华书局,2014.

[25] 郑晓云. 文化认同论[M]. 北京:中国社会科学出版社,1992.

[26] 中共中央党校第十九期中青班文化问题课题组. 全球化背景下中国文化竞争力研究[M]. 北京:中国时代经济出版社,2004.

杭州的世界遗产网站建设探析

第 6 章

6.1 概述

近几十年,随着 IT 技术的飞速发展,世界已然进入互联网时代。互联网日益成为全球最为重要的信息传播和交流媒介。世界各地的人们能够不受时间、空间限制,通过互联网清晰地参观、感受和了解千里之外的一个国家、城市、世界遗产,以及当地的民俗文化风情。网络让世界变成了一个村落,我们足不出户就可以访问各国旅游宣传网站、数字博物馆,用鼠标轻轻点击就可以搜索并浏览任何想看的内容。随着全世界人们对文化遗产重视和保护的意识不断加强,各世界遗产地也开始自建网站以展示其形象,普及遗产保护意识,传播各种遗产信息及有用的旅游指南。

作为拥有两处世界文化遗产(西湖、京杭大运河杭州段)的城市——杭州,除了拥有十分优美的自然风光之外,更有着深厚的文化底蕴。为了让世界各地的人们能在第一时间了解到世界遗产地的自然风貌及人文内涵,推进世界遗产的国际化,建立一个兼具美观性和实用性的世界遗产网站是刻不容缓的一项工作。特别是在当今信息社会的大环境下,网站建设成为了一个重要的营销手段,良好的网站建设将会大大提高世界遗产地的知名度和宣传力度。

杭州的世界遗产网站是一扇与当地居民、与世界交流的窗口。一方面,它向人们展现了拥有悠久历史文化底蕴的杭州西湖以及京杭大运河,提升了这两处世界遗产的国际形象;另一方面,许多有意来杭州旅游的游客能够在亲身体验之前,通过网站提前了解与这两处世界遗产相关的文化内涵和民俗风情,了解遗产点、段中蕴含的一个个传奇故事,感受千百年来文化凝萃所产生的巨大魅力;更多的人还可以利用网站信息来为自己制订符合心意的旅行计划。笔者利用一整章的内容来探讨应该如何为西湖和大运河这两处世界遗产建立兼顾美观和实用的"用户友好型"网站,从而更好地宣传这两处世界遗产,以及与之紧密相连的杭州——这座美丽的国际化大都市。

对比国内外优秀的世界文化遗产网站,目前杭州的世界遗产地网站设置中存在以下几个方面的问题:网站板块设计中,较少地考虑该网站所宣传的重点,特别是世界遗产地网站所应该具备的功能;网站与当地居民、网络用户之间缺乏互动性;网站文本信息的处理以及网页展示方式单一;网站所需具备的实用性以及网络用户使用的便利性不高;等等。这些问题在一定程度上降低了杭州世界遗产网站的质量,不利于来访者对遗产地相关信息的查询和使用,很大程度上影响了这些网站存在的实际意义。因此,在本章中,笔者主要从网站的使用价值、教育价值、经济价值、保护价值等方面进行探讨,通过比较分析杭州的世界遗产相关网站与国内外较为优秀的世界遗产网站的差异,试图解答以下这些问题:

1. 作为展示和宣传杭州世界遗产的网站,应该提供哪些方面的信息和内容?

2. 为了提高网站浏览者的阅读兴趣和有效性,以何种方式展示为佳?

3. 一个政府运行的非商业网站是否可以加入商业运作的成分机制?

4. 世界遗产网站的建设如何实现对遗产地景观和文化的保护?

针对杭州的世界遗产网站中存在的问题,笔者提出一些相应的建议,以期能抛砖引玉。

6.2　世界遗产网站的有效性

网站设计是一门艺术,设计者首先需要考虑这个网站想要传达的信息和功能。世界遗产的网站,除了为国内外人士提供了解和访问该世界遗产的旅游信息外,也是面向世界全方位说明、介绍、宣传和推荐该遗产地的重要窗口。因此,如何将世界遗产地网站设计成一个用户愿意点击浏览的“用户友好型”网站是设计者首先需要考虑的问题。

对用户来说,网站的可用性和有效性是他们使用网站的第一考虑。因此,用户在进入网站首页时体验的第一感觉决定了他们愿不愿意继续浏览。也就是说,一个成功的网站首页应该是吸引人眼球的,并提供必要的信息。从这个角度看,世界遗产网站的多数普通浏览者首先关心的莫过于“去哪儿玩、怎么玩、如何去、吃什么、住哪里”这些问题,因此世界遗产网站上首先需要提供的信息就是对世界遗产地景点的介绍,前往遗产地的路线、周边的饮食和住宿等。

笔者仔细浏览了杭州的世界遗产相关网站的各个根目录,发现上述信息都包含在网站中(图 6-1)。当点击某一风景区后,能链接到该遗产地的一些相关信息,地图上也显示了其具体位置和交通情况(图 6-2、6-3)。我们知道,旅游者探寻一座陌生的城市需要很多现实的帮助,特别是相关的交通信息。网站在对每个景点、酒店、餐馆的介绍和描述中都提供了到达该目的地的地图,这是非常有必要的。但我们又发现,除此之外,网站提供的关于该风景区的住宿、美食、购物等信息的搜索是低效的,且其中的很多链接是不可用的。从首页的导航栏中我们可以看到,网站的确推荐了许多当地的美食、特色住宿,但点击进入后出现的是一系列酒店的名称、图片和介绍,并没有提供用户关心的酒店星级、价格等信息,用户必须通过点击酒店链接才能查看是否符合自己的预算和要求。(图 6-4、6-5、6-6)大多情况下,酒店页面上无预订服务,也没有即时信息来提醒用户是否已满房。对于网页浏览者来说,这些地址和名称都是抽象、无价值的,他们更需要直观的信息,从而更好地安排自己的行程。

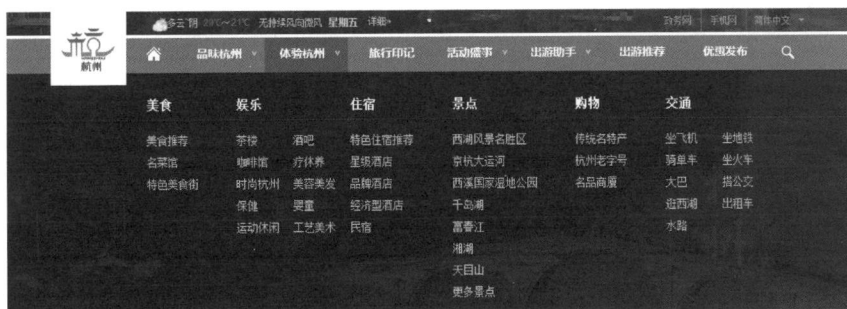

图 6-1　杭州旅游网首页(来源:杭州旅游网)

图 6-2　西湖风景区(来源:杭州旅游网)

换乘查询(起点-终点):
西湖风景区
下城区
江干区
上城区
滨江区
西湖乡
五常街道
留下街道
龙井
杭州动物园
© 2015 Baidu - Data © Navinfo & CenNavi & 道道通

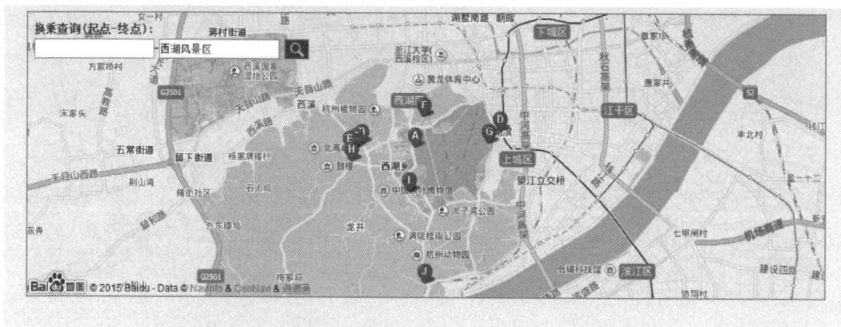

西湖风景名胜区总面积60.04平方千米（其中湖面6.03平方千米）。白堤、苏堤将湖面分成外湖、里湖、岳湖、西里湖、小南湖五个部分。

图 6-3　西湖风景区地图（来源：杭州旅游网）

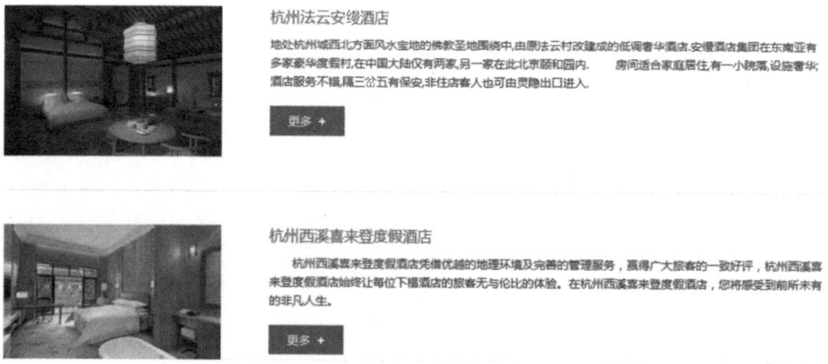
杭州法云安缦酒店
地处杭州城西北方面风水宝地的佛教圣地围绕中,由原法云村改建成的低调奢华酒店.安缦酒店集团在东南亚有多家豪华度假村,在中国大陆仅有两家,另一家在此北京颐和园内.　房间适合家庭居住,有一小院落,设施奢华;酒店服务不错,隔三岔五有保安,非住店客人也可由灵隐出口进入.
更多 +
杭州西溪喜来登度假酒店
杭州西溪喜来登度假酒店凭借优越的地理环境及完善的管理服务，赢得广大旅客的一致好评，杭州西溪喜来登度假酒店始终让每位下榻酒店的旅客无与伦比的体验。在杭州西溪喜来登度假酒店，您将感受到前所未有的非凡人生。
更多 +

图 6-4　杭州住宿推荐（来源：杭州旅游网）

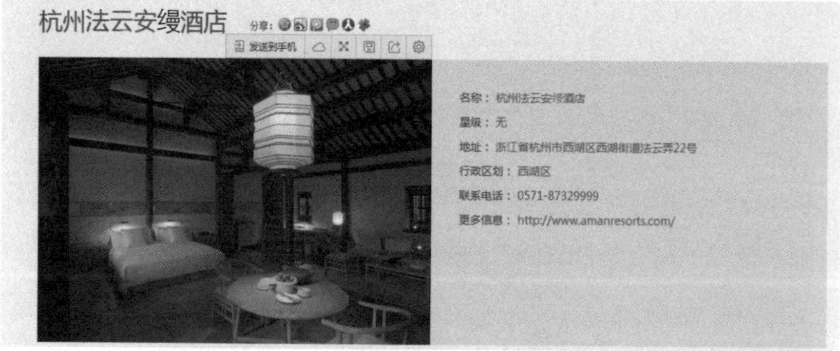
杭州法云安缦酒店
分享:
发送到手机
名称：杭州法云安缦酒店
星级：无
地址：浙江省杭州市西湖区西湖街道法云弄22号
行政区划：西湖区
联系电话：0571-87329999
更多信息：http://www.amanresorts.com/

图 6-5　杭州安缦法云酒店网页（来源：杭州旅游网）

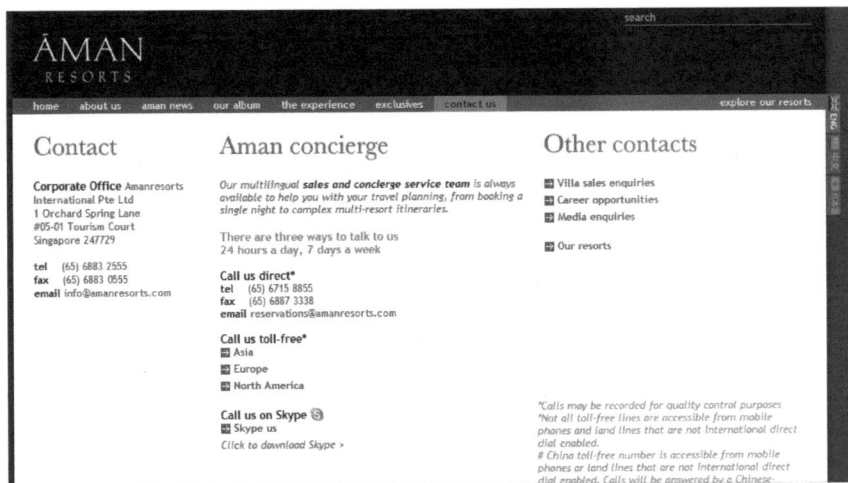

图 6-6　杭州安缦法云酒店网页（英文版）（来源：杭州安缦法云酒店）

通常来说，大多数的潜在旅行者会在确定了旅行目的地之后再考虑周边的游玩计划。同时，他们在制订旅行计划时还需要了解有关目的地行程的价格、地图、自驾路线、住宿、行程安排、交通、娱乐等信息。假如一个网站能让这些信息的搜索变得方便又快捷，这无疑会成为用户的首选。

图 6-7 所示是澳大利亚旅游官网首页中的旅游景点栏目。导航栏中展示了该国不同地区的主要旅游景点（Places to Go），每个景点的位置都可以在地图上找到，浏览者只需将鼠标点到想去的地方即可。这样直观的展示非常有利于浏览者方便地获取他们所需要的信息。点击进入其中任何一个目的地，就能了解它更为具体的游玩地和项目。另外，网站还提供了更为多样化的分类方式，除了根据澳大利亚的标志性景点（Iconic Destination）分类外，网站浏览者还可以根据城市（Cities）以及更大范围的州、地区（States& Territories）标准来分类，给旅游者提供了更多个性化的选择。

当然，每个旅游者对于休闲娱乐的定义都不同，想体验的方式也不尽相同。有人喜欢大海，有人对丛林冒险乐此不疲，有人中意城市风光和夜景，有人想体验当地文化和美食。图 6-8 从各类型旅游体验的角度提供了多项个性化的选择，以满足人们不同的需求。

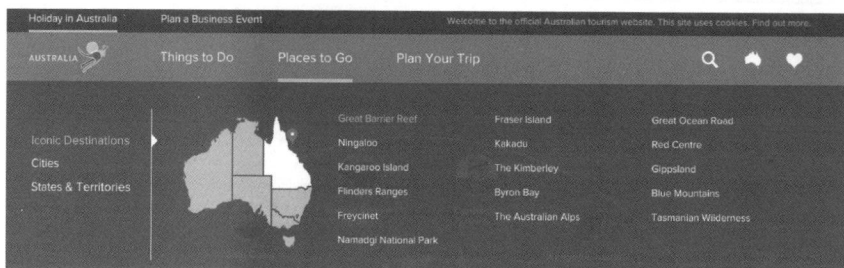

图 6-7 澳大利亚旅游官网首页旅游景点栏目(来源:澳大利亚旅游官网)

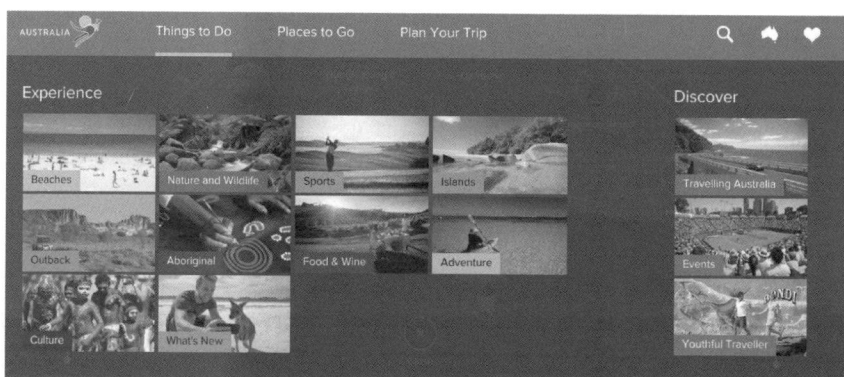

图 6-8 澳大利亚旅游官网首页旅游体验类型栏目(来源:澳大利亚旅游官网)

点击进入澳大利亚著名的世界遗产——大堡礁(The Great Barrier Reef)的相关网页(图 6-9,图 6-10,图 6-11),同样是人们关心的"怎么玩"的介绍,该页面最下方是大堡礁所处沿海岸的各个地区,选定其中的一处沙滩岛屿,即可查看更为实用的信息,制订专属于自己的旅行计划。

图 6-9 大堡礁(The Great Barrier Reef)栏目首页(来源:澳大利亚旅游官网)

图 6-10　大堡礁(The Great Barrier Reef)栏目首页(来源:澳大利亚旅游官网)

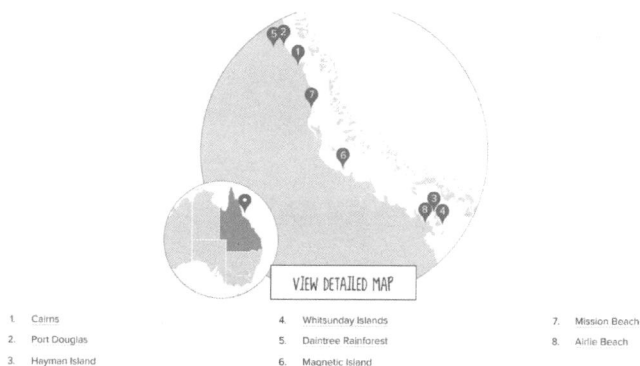

图 6-11　大堡礁(The Great Barrier Reef)栏目首页(来源:澳大利亚旅游官网)

　　点击进入大堡礁海岸线中的 Whitsunday Islands(图 6-12),该页面提供了该地区的位置以及最实用的住宿(Accommodation)、景点(Attractions)、饮食(Restaurants)、跟团旅游(Tours)、租车服务(Hire)、当地活动(Events)、交通(Transport)信息。不同于杭州世界遗产地旅游网站中对这些信息的一般罗列,该网站真正地实现了从旅行者角度出发,考虑用户的个性化需求。用户可以根据自己的需求进行筛选,如住宿一栏中,提供不同的标准来让用户选择适合的酒店,包括不同的住宿类型(All Accommodation Types)、区域范围(All Cities)、价格区间、星级标准(All Ratings)等(图 6-13)。当用户输入自己的要求后,网页即显示可选择的酒店及图片,筛选结果以图片和简略的文字介绍形式呈现(图 6-14)。点击自己中意的酒店图片,不需要进入新的页面,直接下拉就可以看到酒店更为详细的信息,如酒店地址、联系电话及邮箱,方便旅行者通过邮件、电话的方式提前咨询。如果用户需要了解更多酒店信息并进行预订,通过网址可链接到澳大利亚官方的国际青年旅社、民宿或星级酒店网站,这些网站的提供网上预订服务,并实时更新酒店的预订情况,真正体现网站的"用户友好型"(图 6-15)。最重要的是,网站提供的每一个链接都是有效的,与其他各个相关的吃穿住行网站一起形成一个巨大的网络,来更好地服务网站浏览者。

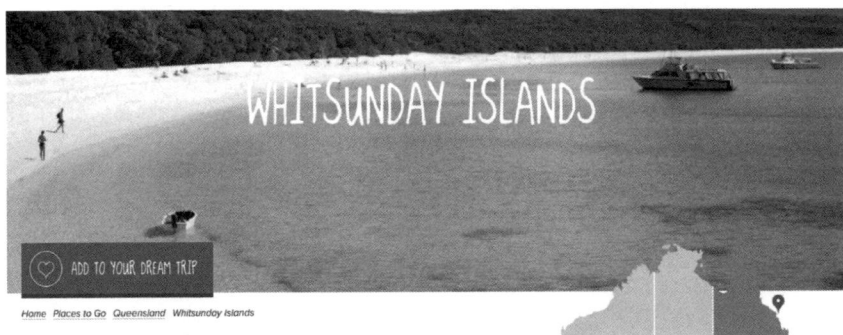

图 6-12　大堡礁 Whitsunday Islands 栏目首页(来源:澳大利亚旅游官网)

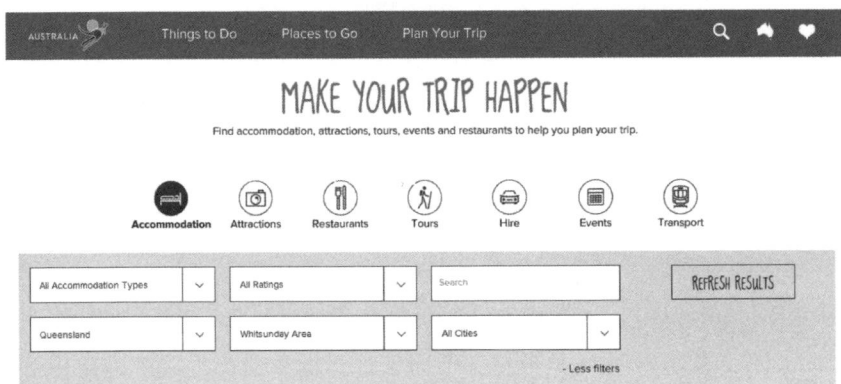

图 6-13　大堡礁 Whitsunday Islands 住宿查询(来源:澳大利亚旅游官网)

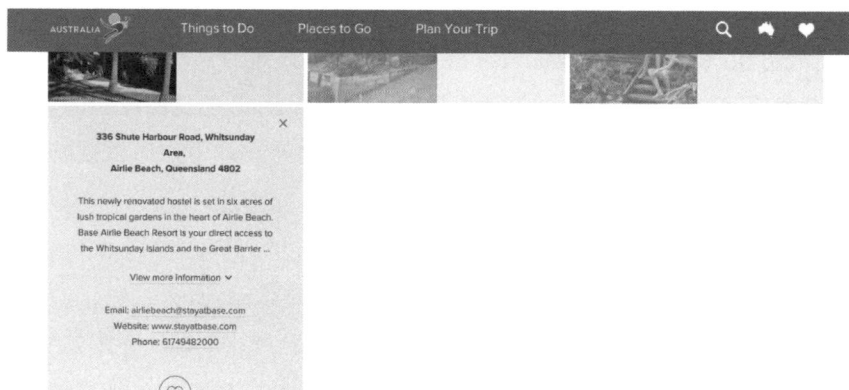

图 6-14　大堡礁 Whitsunday Islands 住宿网页(来源：澳大利亚旅游官网)

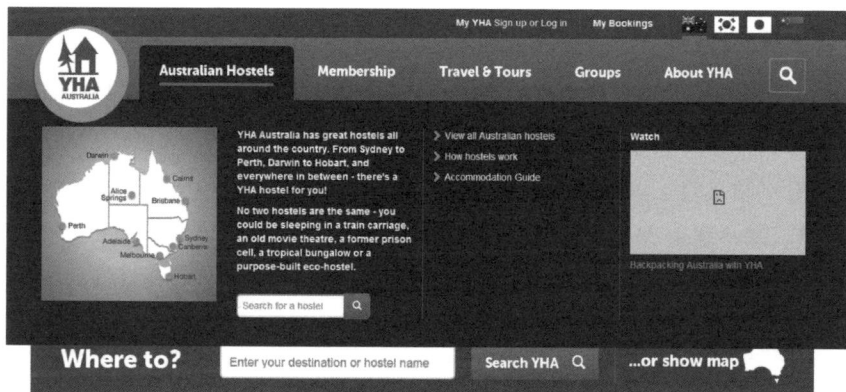

图 6-15　澳大利亚住宿预订网站首页(来源：澳大利亚国际青年旅舍及民宿官网)

6.3　世界遗产网站的教育性

　　世界遗产往往蕴含着一个民族历史文化的根源。20 世纪 90 年代中期以来，越来越多的国家对于世界遗产的重视和保护在持续不断加强。像西湖、大运河这些世界遗产，全世界的人都争相前往，但相当多的游览者只是停留在欣赏湖光山色的层面，忽略去了解它们作为世界遗产的真正价值。杭州的这些世界遗产除了拥有十分优美的自然风光之外，更有着深厚的文化底蕴。在信息化社会的今天，借助互联网平台对以世界遗产为代表的文化遗产的宣传有着相当重要的作用，它可以极大地丰富文化遗产概念的外延，建立起普通大众与世界遗产的桥梁。《中国文化遗产事业发展报告》指出，"结合文化遗产使用价值的体现方式，可以将文化遗产的各个功能整合为三大功能：教育、科研、经济"。（刘世锦，2013）通过对文化遗产的合理利用，其教育、科研和经济三大功能才能有效发挥，从而促进经济社会的发展。本节内容将首先从教育的角度讨论世界遗产地网站设计中如何体现其教育价值。

6.3.1　世界遗产价值的介绍板块

2011 年 6 月 24 日北京时间 23 时 55 分，中国"杭州西湖文化景观"在法国巴黎举行的联合国教科文组织的第 35 届世界遗产委员会会议上顺利通过审议，被正式列入《世界遗产名录》。按照联合国教科文组织的要求，文化遗产成功申遗必须符合申请世界文化遗产的六大标准之一，这六大标准是：创造价值、交流价值、见证价值、典范价值、环境价值和关联价值。关于杭州西湖文化景观，国际古迹遗址理事会（ICOMOS）的专家们做出的专家报告认为西湖符合第二、三、六条价值标准，即西湖满足交流价值、见证价值和关联价值。满足这三大价值标准昭示着西湖是世界上自然美与人文美相结合的典范，这才是西湖作为世界遗产的真正价值所在。

世界遗产地网站肩负着向大众宣传教育的功能，因此遗产地网站需要从专业的角度告诉人们该遗产突出的普世价值及所符合的世界遗产评选标准，而它所符合的几个标准正是这个遗产获得举世公认的几个原因，也正是游览者观察、体会、理解这个世界遗产最好的角度。

杭州的世界遗产网站中设置专门的"遗产描述"和"普遍价值"板块来说明其价值所在（图 6-16，图 6-17）。大量的文字篇幅结合图片、地图标识将西湖文化景观分为六大要素，西湖自然山水、"三面云山一面城"的城湖空间特征、"两堤三岛"景观格局、"西湖十景"题名景观、西湖文化史迹和西湖特色植物，体现了人与自然的完美结合。通过网站这一板块的浏览学习，用户可以形象地看到优美的自然风光，以及了解这些风光背后的历史事件、人的生存状态和生活方式，甚至于他们的思想情感、艺术成就等等。同样的，中国黄山风景名胜区网站（图 6-18），在世界遗产价值的介绍板块也做得很详细，值得借鉴。但假如能把遗产相关知识的内容放在一个大栏目下进行子栏目的分类介绍，那导航栏会更加清晰、明了。

图 6-16　西湖世界文化遗产网站首页(来源:西湖世界文化遗产网站)

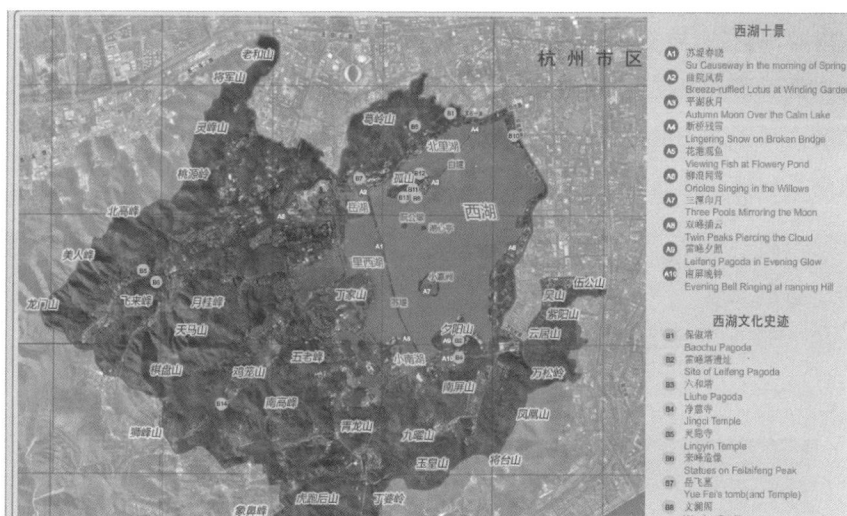

图 6-17　西湖的遗产描述板块(来源:西湖世界文化遗产网站)

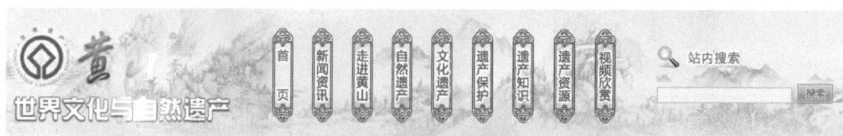

图 6-18　黄山风景名胜区网站首页(来源:中国黄山风景名胜区网站)

　　文化遗产中深深蕴藏着所属民族的文化基因、精神特质，这些在长期的生产劳动、生活实践中积淀而成的民族精神是民族的灵魂、民族文化的本质和核心。它既可以在遗产地跨越时间而世代传承，也可以把影响扩展到其他地域，全省、全国乃至全世界。除了向大众传播遗产地的基础知识，把一个遗产地的发展变迁的历程用生动的语言告诉民众也很重要。

　　英国的世界遗产爱丁堡新城和老城（Old and New Towns of Edinburgh)的官网对该遗产地的街道、建筑的历史变迁和文化故事的介绍就做得很不错。图 6-19，图 6-20，图 6-21 是该遗产地官网的 Visit 板块下出现的页面，该板块下分了世界遗产地亮点（Highlights of the World Heritage Site）、足迹（Trails）、街道故事（Street Stories）、标志性建筑（Iconic Buildings)等内容，另外在页面下方还设有特色游览介绍。如点击进入 Auld Reekie 页面（苏格兰方言，爱丁堡的绰号），通过文字和图片就能感受到 18 世纪爱丁堡人从早到晚的日常生活和当时的一些建筑风格。通过这些内容的介绍，旅行者在亲自游历这个城市时能有更好的历史代入感，感受古今爱丁堡人不同的生活。同时，也让游览者，甚至于现如今生活在这个城市的人对于过去的爱丁堡有一个更好的认识，历史的积淀让人们愿意更好地热爱和保护这座城市。

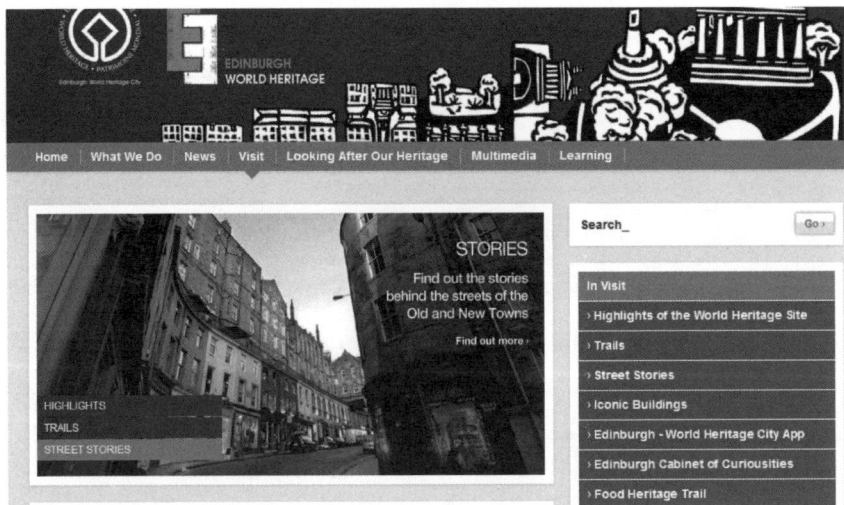

图 6-19　世界遗产爱丁堡官网 Visit 栏目（来源：世界遗产爱丁堡官网）

图 6-20　世界遗产爱丁堡官网 Visit 栏目（来源：世界遗产爱丁堡官网）

图 6-21　世界遗产爱丁堡官网 Visit 栏目（来源：世界遗产爱丁堡官网）

6.3.2　相关非物质文化遗产板块

我们今天普遍使用的"世界文化遗产"这个定义来自 1972 年 10 月 17 日至 11 月 21 日在巴黎召开的联合国教科文组织大会第 17 届大会上通过的《保护世界文化和自然遗产公约》（*Convention Concerning the Protection of the World Cultural and National Heritage*，简称《世界遗产公约》），其中世界文化遗产是指在历史学、考古学、美学、科学、人类学、艺术方面具有突出的普世价值的纪念文物、建筑物、遗址等，它们见证了人类各个历史阶段的文明，代表了人类的创造为世界所做出的杰出贡献。像西湖、大运河，由于它们具有物质性，并以一定形态存在于一定的环境中，因而属于世界遗产的范畴。然而，在西湖、大运河这类具有悠久历史和文化的世界遗产地中，往往还存在着极其重要的非物质文化遗产，这些宝贵的无形遗产是以人类口头和非物质性形态存在的精神领域的创造活动及其结晶，比如遗产地的方言、戏曲艺术、民间艺术、民俗、礼仪、节庆等等。这些非物质文化遗产均没有物质载体和形态，仅仅存在于人们的口头传说和表述中，存在于不同的艺术表演中，存在于传统工艺技能操作实践中……世界遗产的价值内涵往往与相关的非物质文化遗产密切联系，因此，如果在世界遗产地网站中忽略了相关的非物质文化遗产，将有损于其价值的表述与充分的展示。

笔者浏览了杭州的世界遗产网站，发现这类有关非物质文化遗产的内容存在于地方文化板块的子目录下（图 6-22），而同样属于非物质文化遗产的民俗风情、历史名人又以并列的板块与其区分开来。就一个专门的世界遗产网站来说，这样的分类会引起普通浏览者对于世界遗产和非物质文化遗产的混淆。为了让人们更加清晰地了解非物质文化遗产的内容，网站最好能把这个栏目的名称提高到"非物质文化遗产"的高度，放在网站首页的一个大板块下，来系统介绍当地的非物质文化遗产。其子目录可设置为当地方言、戏曲艺术、民间手工艺、民俗节庆、民俗礼仪、民间故事传说、旅游诗词、饮食文化等，下面可再进行细分。这样的分类设置不仅凸显了非物质文化遗产对于一个世界遗产的重要性，同时也让非物质文化遗产的展示和普及多了一个阵地，进一步丰富世界遗产网站的功能。

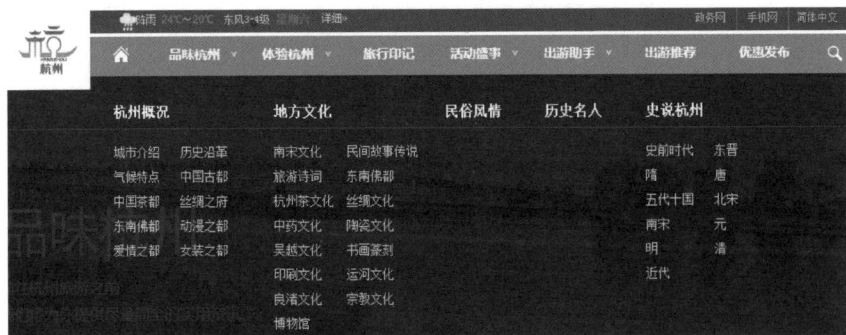

图 6-22　杭州非物质文化遗产网页目录（来源：杭州旅游网）

6.3.3　教学资料下载板块

文化遗产兼具历史文化方面的物质性和在传承上物质和精神的统一性,服务对象涵盖整个社会,这使得凝聚了传统文化精华的文化遗产被视为弘扬民族精神,加强爱国主义、社会主义和革命传统教育不可替代的资源。我国的文化遗产中除了包含丰富的历史文化知识、大量的科学知识,还有许多极富审美价值的文化艺术精品,这些都是学校进行爱国主义、历史主义以及全面提升素质教育的极好资源。这些独一无二的优秀文化遗产是鲜活生动的,它可以构成生动易学的学校教学课程内容,在帮助学生了解教育教学体制和内容等方面,都是非常有效、有益和重要的。因此网站设计的教育性除了开设世界遗产地价值的介绍和相关非物质文化遗产两个板块对社会大众进行网上的教育和宣传外,还可以通过线上下载,线下学习、教学、科研的方式来进行,实现文化资源最大范围的学习、教育和传播。

笔者通过对比国内外一些优秀的世界遗产地网站后发现,国外的很多世界遗产网站在教育功能方面做得非常人性化,它考虑到游览者、老师或导游对世界遗产地信息和资料的需求,在网站内专门提供了下载专区(Resources),包括实用性的文字信息和趣味性的图片和音频,供浏览者学习、教学。如爱丁堡的官网在导航栏专门设置了 Learning 栏目(图6-23),除了为学校和团队参观提供包括当地地图、图片、文字介绍、出版物等资源的下载(图 6-24),还提供了联系电话以帮助他们解答一些常见问题。另外,网站还为特定人群提供了相关的教学计划(Lesson Plans)(图 6-25)。世界遗产巴斯的官网上也包含了大量的下载资料(图 6-26)。这些资源涵盖大量的传统文化、历史知识等内容,通过网络提供的便利下载大大促进了包括学校在内的社会机构,进行有关文化遗产价值和重要性的宣传教育,通过教育的作用使社会形成良好的风气和意识,使这些文化遗产得到更好的有效保护和传承。

图 6-23　世界遗产爱丁堡官网 Learning 栏目（来源：世界遗产爱丁堡官网）

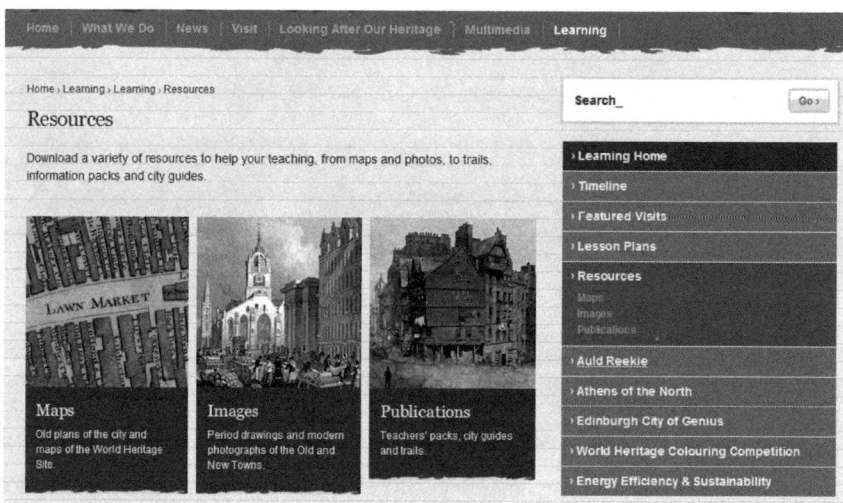

图6-24　世界遗产爱丁堡官网 Learning 栏目下的子目录（来源：世界遗产爱丁堡官网）

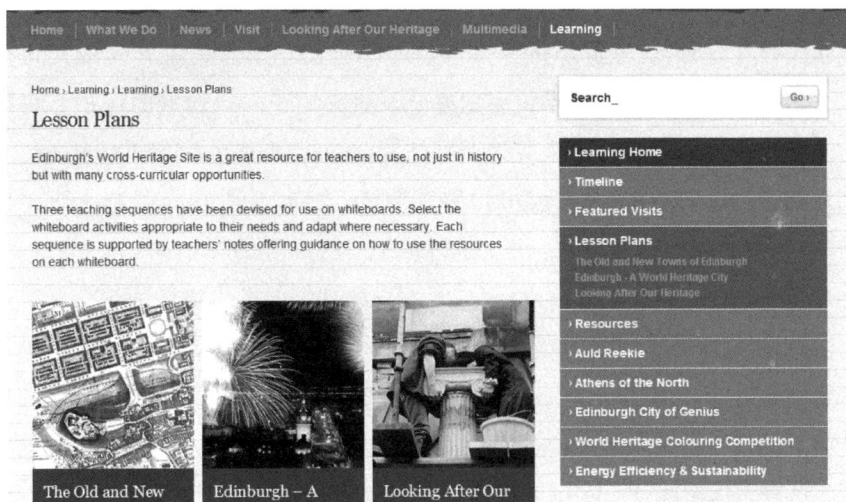

图 6-25　世界遗产爱丁堡官网 Learning 栏目下的教学计划（来源：世界遗产爱丁堡官网）

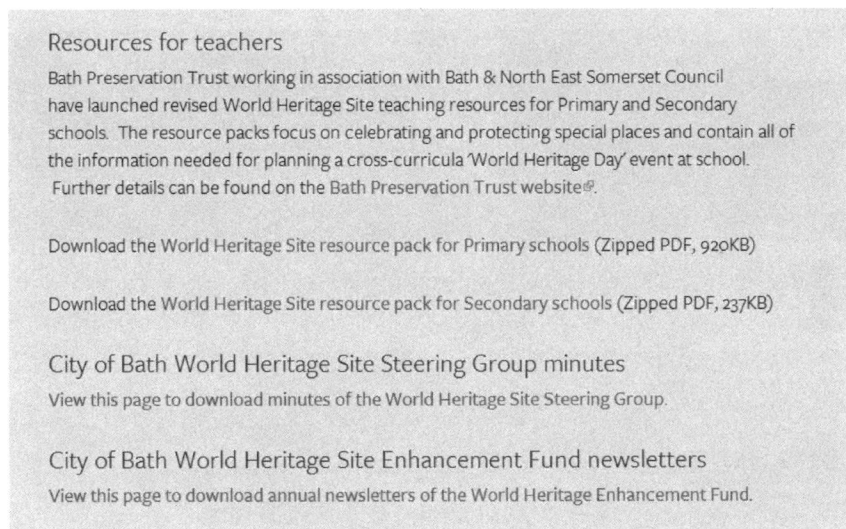

图 6-26　世界遗产巴斯官网上的下载资料（来源：世界遗产巴斯官网）

6.4　世界遗产网站的经济性

随着电子商务的全球化发展，越来越多的网络用户开始进行网上购物。网络平台十分便利，网购更已成了现代年轻人追捧的一种生活方式。纵观世界上一些发达国家，如日本、韩国等，他们积极发掘本国文化遗产资源，以此吸引大批国内外消费者,创造了可观的收入。因此,我们需要将那些既能显示民族文化特色,又有经济开发价值的优势文化遗产资源转化成文化生产力,带来经济效益,才能有更多的资金反过来用于文化遗产的保护和可持续发展。本节内容将讨论世界遗产网站建设中如何将世界遗产作为一种文化资源进行有效利用,开发成可供游客浏览、体验、学习和消费的优质文化产品,从而实现其经济价值。

在关于网站有效性的分析部分,笔者发现杭州的世界遗产网站上对于网上购票、预订酒店等业务的开设几乎为零,在网站的各个子栏目中也无法找到这些信息,仅仅提供相关的旅游咨询项目(图 6-27)。对于国内大部分非营利性的网站和博物馆来说,网上交易还没有形成习惯,最多开设门票预订栏目,如故宫博物院网站(图 6-28)。即使是有网上商店,这样的页面也形同虚设,比如河南博物院的网上商店(图 6-29)只是一个目录而已,在网页上没有任何订购交易、付款、售后服务等网上购物核心问题的相关服务(图 6-30)。

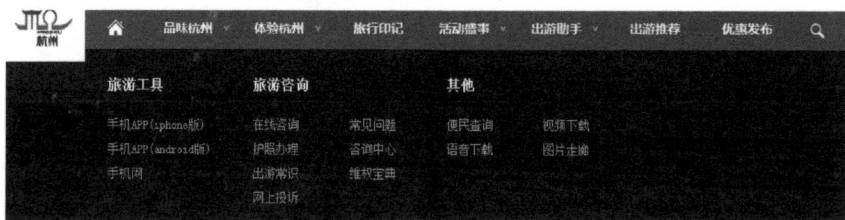

图 6-27　杭州旅游网站旅游咨询栏目(来源:杭州旅游网)

图 6-28　故宫博物院官网门票预订栏目(来源:故宫博物院官网)

图 6-29　河南博物院官网网上商店栏目（来源：河南博物院官网）

图 6-30　河南博物院官网网上商店商品目录（来源：河南博物院官网）

　　与此相对应的，国外很多非营利性的世界遗产网站却开设了网上购票、制定行程、购买纪念品的栏目。以英国的世界遗产格林尼治的官网为例，该网站（图 6-31），在 Corporate ＆Trade 栏目中提供了官方的合作方（Partners）、赞助方（Suppliers）的信息和相关的电子商务链接，这部分内容也许对网站浏览者来说没有直接的价值，但类似这样适当的商业介入，对网站或政府机构本身、文化遗产保护、传播效果等方面都有积极的意义，它至少使这一网站有了一定的经济支持。同样的，该网站在 Buy Now 栏目中（图 6-32），为浏览者提供了线上线下订票、旅游纪念品交易的内容。同澳大利亚旅游官方网站一样,格林尼治的网站体现了"用户友好型",它学习了很多商业网站的运营模式,展示了所有线上的产品目录,为用户提供了个性化的选择空间,解答了用户常遇到的问题,包括购物车的设置、支付方式的选择等等(图6-33,图 6-34)。一方面,这大大方便了潜在旅行者旅行计划的完成;另一方面,这一营销栏目也为这些世界遗产网站带来了一定的收益,从而为遗产地资源的保护和传承创造了更好的经济条件。

图 6-31 世界遗产格林尼治官网 Corporate &Trade 栏目(来源:世界遗产格林尼治官网)

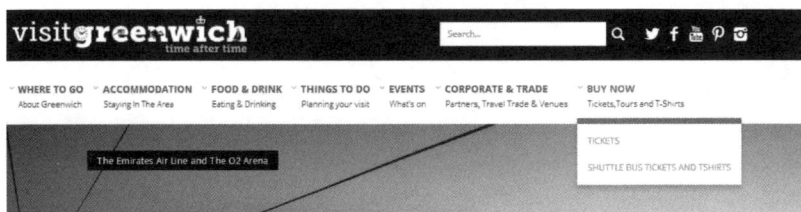

图 6-32 世界遗产格林尼治官网 Buy Now 栏目(来源:世界遗产格林尼治官网)

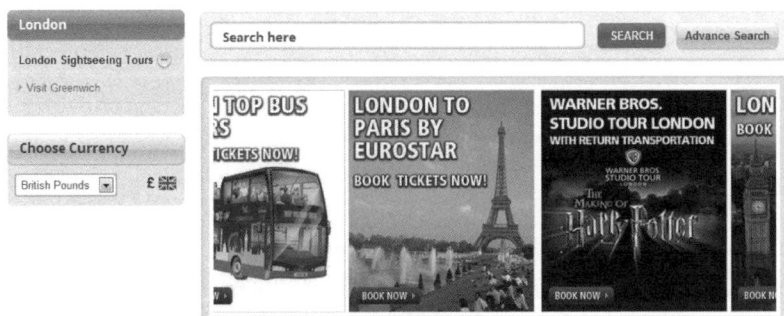

图 6-33 世界遗产格林尼治官网产品目录(来源:世界遗产格林尼治官网)

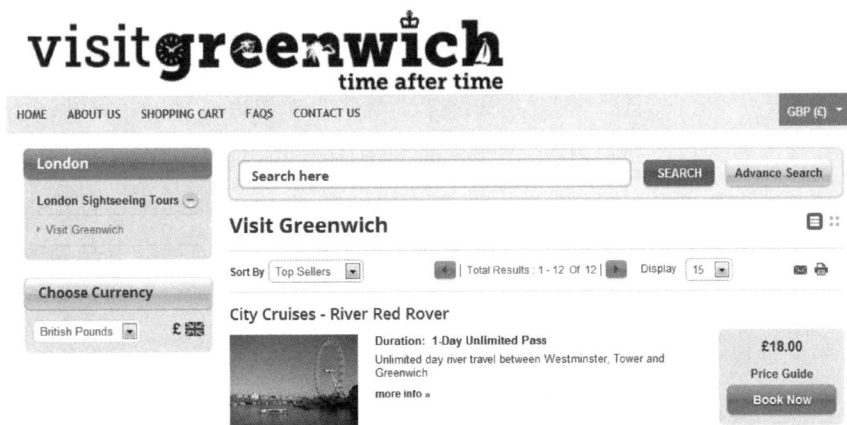

图 6-34　世界遗产格林尼治官网产品预订（来源：世界遗产格林尼治官网）

目前在国际上，世界遗产的适度商业化已经不是件新鲜事，而对不少濒危的非物质文化遗产来说，适度商业化更是它们传承下去的出路与契机。在文化遗产的传播上，那些以数字形式呈现的网站可以吸引更多年轻人的目光，可以让人们通过电子商务的渠道便捷地购买到与各文化遗产密切相关的各种商品。从经济学角度来说，世界遗产地网站由于本身就是非营利性的，因此不必弄虚作假，比起景点中的小摊小店，在顾客心目中有更好的印象。当然，经营网上商店也需要一定的商业技巧，毕竟是非营利性机构，也不必过于在意网上商店的营业额，更为重要的目的还是传播文化。我们可以采用与大型购物网站联合的方法，通过与相关线上线下站点合作来提供相应的优质商品和服务。因此，在设计世界遗产网站的时候，应该留有一些可供营销的栏目，让世界遗产及其相关非物质文化遗产在经济方面具有一定的自我造血能力，不断找到其在当代的新空间。

6.5　世界遗产网站的互动性

联合国教科文组织在《保护非物质文化遗产公约》中指出："各个群体和团体随着其所处环境、与自然界的相互关系和历史条件的变化不断使这种代代相传的非物质文化遗产得到创新，同时使他们自己具有一种认同感和历史感，从而促进了文化多样性和人类的创造力。"在媒介化社会中，无论是参照遗产传承保护的历史，还是按照现代的社会关系逻辑，我们更需要关注世界遗产网站中人与人、人与遗产的互动关系,想方设法将其进行"活化"。在今天,人们已经成为一种用鼠标和键盘为交互方式影响屏幕的信息处理特性的生产者角色,计算机多媒体技术的特点很大程度上体现在互动性上。受众掌握着选择权和控制权,是否点击、点击几次和网络提供的相关信息密切相关。越是丰富的后续信息越能吸引受众的兴趣,也越能维持或促进网站的运转和发展。因此,本节内容主要讨论在世界遗产网站的设计和维护中如何实现遗产地社区居民、网络用户与网站之间的互动性,来吸引更多的民众参与到世界遗产的宣传和保护中去。

6.5.1 社区居民的参与

世界遗产的社区参与是指公众成员、个体、群体和世界遗产保护、管理机构的互动过程。我们知道,世界遗产地的民众是最直接接触到遗产地文化的人群,他们最清楚什么是当地真实的、有价值的文化,他们有权按照自己的意愿、自己的理解对文化资源的展示和开发提出意见。因此,世界遗产保护、管理机构在保护和管理世界遗产的时候,应该为当地民众提供表达自己声音和参与决策的途径,从而充分吸纳社会各界的意见和建议,实现资源的有效利用以及利益的公平分配。这一方面有助于向民众宣传所在地世界遗产的文化价值,让他们更好地成为各类文化遗产事项的传承者;另一方面,也有助于建立民众的主人翁意识,提高人们对于遗产保护的使命感,让民众真正参与到世界遗产的保护和可持续发展之中。

然而,笔者在查看了杭州的世界遗产网站之后发现,这些网站往往侧重对历史、地理的介绍,网站的内容是严肃的,有互动但似乎并不被重视。网站中的公众参与板块更多的是以内容呈现为主,并没有提供相关链接告知人们可以如何报名,如何成为志愿者,如何捐赠,等等。在第二课堂教育主题中,只是记录了之前成功开展的广大学生将西湖各类博物馆、纪念馆作为第二课堂活动的新闻报道,没有设置下载专区,也没有对具体教育内容有所展示。在规划整治方案公展公示中,并没有说明政府保护方案,政府也没有告知献策渠道。

对比国内其他的世界遗产网站,我们发现不少网站在公众参与板块真正实现了网站与民众的互动,较好地利用了世界遗产网站来开展宣传教育活动以实现遗产保护的公众参与,比如开展志愿服务活动、第二课堂教育实

践活动、遗产地讲座论坛等等。图 6-35 是故宫博物院官网，在文博教育栏
目中可以看到故宫博物院会定期举办故宫讲坛的讲座，并提前在网站中告
知讲座时间、地点、主讲人信息以及讲座主题等有用信息（图 6-36），以帮助
故宫文化爱好者能及时参与到博物馆的课堂学习中，提高自身文化艺术修
养。故宫博物院也利用其官网开展暑期"故宫知识课堂"活动（图 6-37）、国
际文物维修培训、志愿者免费逛故宫活动等，这些活动很好地将遗产地旅游
开发与保护同当地社区有机结合起来，使民众在享受遗产地优势的同时，也
自然而然地主动参与到遗产的宣传和保护中来。同样的，还有世界遗产黄
山的网站，里面有主题为"大美黄山，逍遥四季"的摄影大展征稿信息，这类
活动吸引了更多人关注黄山这一世界遗产，更好地向外界宣传和展示了黄
山的美和文化内涵。当人们认同的文化与遗产保护所要保留延续的文化相
符合时，他们就会自觉投身于遗产价值的发掘和保护行动中。

图 6-35　故宫博物院官网文博教育栏目（来源：故宫博物院官网）

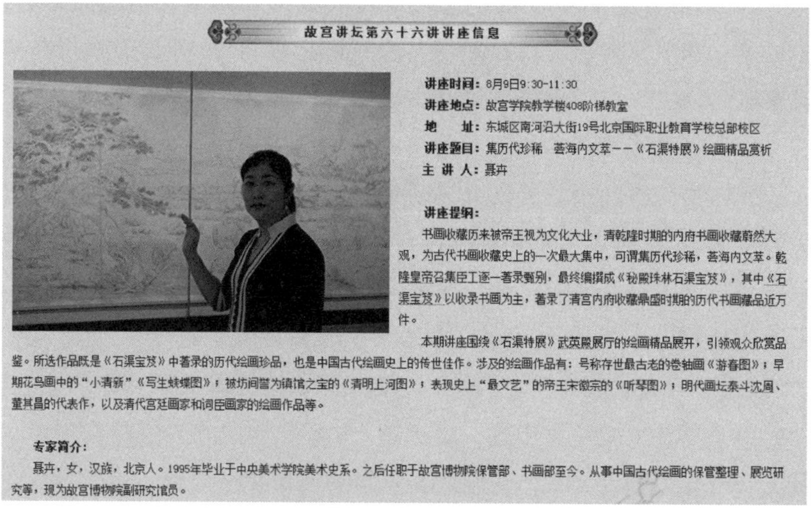

故宫讲坛第六十六讲讲座信息

讲座时间： 8月9日9:30-11:30
讲座地点： 故宫学院教学楼408阶梯教室
地　　址： 东城区南河沿大街19号北京国际职业教育学校总部校区
讲座题目： 集历代珍稀　荟海内文萃——《石渠特展》绘画精品赏析
主 讲 人： 聂卉

讲座提纲：

书画收藏历来被帝王视为文化大业，清乾隆时期的内府书画收藏蔚然大观，为古代书画收藏史上的一次最大集中，可谓集历代珍稀，荟海内文萃。乾隆皇帝召集臣工逐一著录甄别，最终编撰成《秘殿珠林石渠宝笈》，其中《石渠宝笈》以收录书画为主，著录了清宫内府收藏鼎盛时期的历代书画藏品近万件。

本期讲座围绕《石渠特展》武英殿展厅的绘画精品展开，引领观众欣赏品鉴。所选作品既是《石渠宝笈》中著录的历代绘画珍品，也是中国古代绘画史上的传世佳作。涉及的绘画作品有：号称存世最古老的卷轴画《游春图》；早期花鸟画中的"小清新"《写生蛱蝶图》；被坊间誉为镇馆之宝的《清明上河图》；表现史上"最文艺"的帝王宋徽宗的《听琴图》；明代画坛泰斗沈周、董其昌的代表作，以及清代宫廷画家和词臣画家的绘画作品等。

专家简介：

聂卉，女，汉族，北京人。1995年毕业于中央美术学院美术史系。之后任职于故宫博物院保管部、书画部至今。从事中国古代绘画的保管整理、展览研究等，现为故宫博物院副研究馆员。

图 6-36　故宫博物院官网讲座信息（来源：故宫博物院官网）

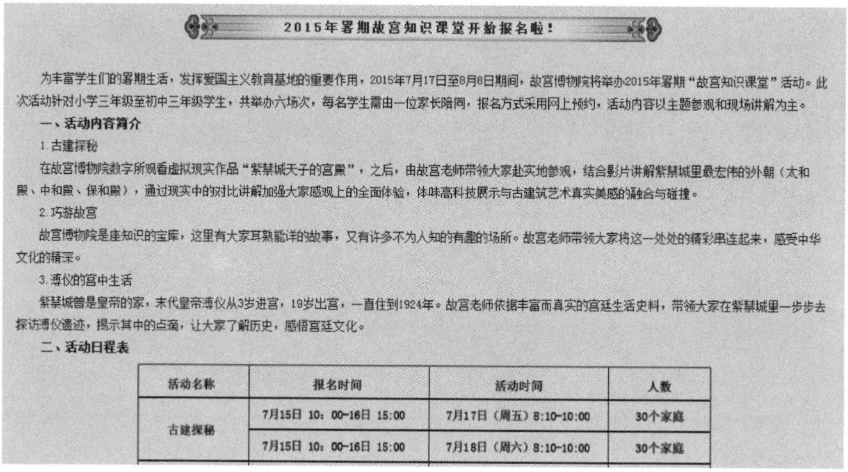

2015年暑期故宫知识课堂开始报名啦！

为丰富学生们的暑期生活，发挥爱国主义教育基地的重要作用，2015年7月17日至8月8日期间，故宫博物院将举办2015年暑期"故宫知识课堂"活动。此次活动针对小学三年级至初中三年级学生，共举办六场次，每名学生需由一位家长陪同，报名方式采用网上预约，活动内容以主题参观和现场讲解为主。

一、活动内容简介

1.古建探秘

在故宫博物院数字所观看虚拟现实作品"紫禁城天子的宫殿"，之后，由故宫老师带领大家赴实地参观，结合影片讲解紫禁城里最宏伟的外朝（太和殿、中和殿、保和殿），通过现实中的对比讲解加强大家感观上的全面体验，体味高科技展示与古建筑艺术真实美感的融合与碰撞。

2.巧游故宫

故宫博物院是座知识的宝库，这里有大家耳熟能详的故事，又有许多不为人知的有趣的场所。故宫老师带领大家将这一处处的精彩串连起来，感受中华文化的精深。

3.溥仪的宫中生活

紫禁城曾是皇帝的家，末代皇帝溥仪从3岁进宫，19岁出宫，一直住到1924年。故宫老师依据丰富而真实的宫廷生活史料，带领大家在紫禁城里一步步去探访溥仪遗迹，揭示其中的点滴，让大家了解历史，感悟宫廷文化。

二、活动日程表

活动名称	报名时间	活动时间	人数
古建探秘	7月15日 10：00-16日 15:00	7月17日（周五）8:10-10:00	30个家庭
	7月15日 10：00-16日 15:00	7月18日（周六）8:10-10:00	30个家庭

图 6-37　故宫博物院官网暑期"故宫知识课堂"活动栏目（来源：故宫博物院官网）

世界遗产的保护和管理除了政府这一主体之外，还需要建立一支遗产保护志愿者队伍，通过志愿者自身的优势及专长，开展一系列宣传活动，充分鼓励更多的有识之士加入遗产保护、监督的队伍中来。图 6-38 是爱丁堡的官网中专门开设的遗产保护栏目（Looking After Our Heritage），包括保护基金项目、世界遗产地管理办法、捐赠事项、建议和支持等，另外在 What We Do 栏目中（图 6-39），提供了志愿者招录信息以及服务信息、个人以及机构如何为保护世界遗产做贡献的具体信息,可以直接捐钱,可以直接支持机构如何为保护世界遗产做贡献的具体信息,可以直接捐钱,可以直接支持机构的运行,可以支持保护和促进世界遗产地的某一具体项目或者建立一个专项基金,等等,网站提供了相关的联系方式,鼓励公众积极参与其中。

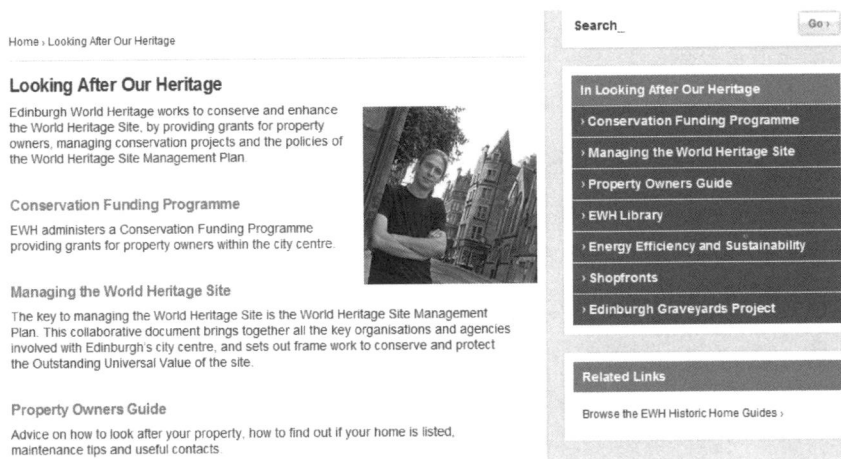

图 6-38　世界遗产爱丁堡官网 Looking After Our Heritage 栏目

(来源:世界遗产爱丁堡官网)

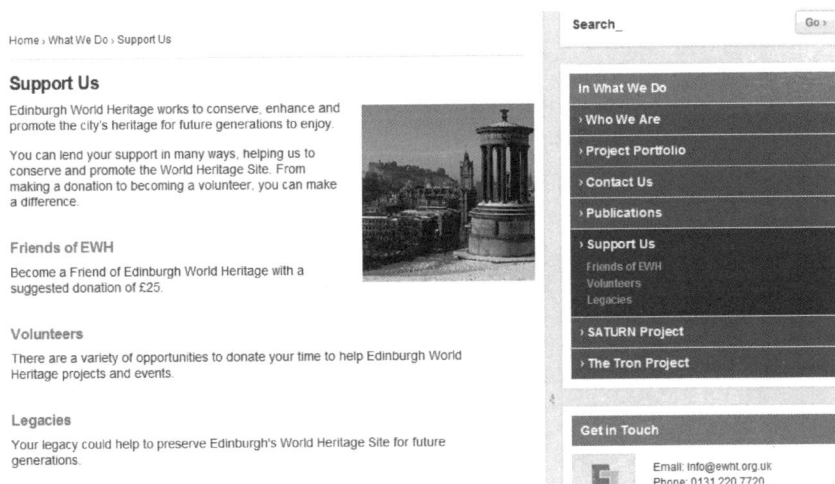

图 6-39　世界遗产爱丁堡官网 What We Do 栏目(来源:世界遗产爱丁堡官网)

6.5.2　网络社区互动、分享

旅行中常常会有很多让人难忘的经历和故事,现如今,越来越多的人会通过各式各样的社群把自己的旅行经历记录下来，与人分享，这类网络参与型用户也会在旅行之后对旅行地发表评论和建议。因此，世界遗产网站需要以足够的后续内容和板块来维持网络用户的兴趣和数字消费。同时，这些旅行游记无形中对遗产地进行了直接的宣传，其中所提到的目的地和游玩攻略也常常被作为未来旅行计划者的参考——因为这些攻略提供的游玩体验更为真实可信。网络社区互动分享带动了更多的人参与其中。然而，除了故宫博物院的网站，国内的大多数世界遗产网站还缺少与用户交流的板块，很少更新文化遗产新的研究成果，也没有提供在线提问、留言分享的内容板块。再对照英国格林尼治的官方网站，网页设计者在网络上成立了论坛、留言板块等与用户互动（图 6-40）。网站设计者考虑到人们分享的便利性，在所有板块内都设置网页浏览，Twitter 以及 Facebook 等各类社交软件的浏览和分享，给人的感觉是这个世界遗产是生动的、好玩的。另外，网站的游客问询处板块（Tourist Information Center）提供了问询处的地址、电话以及邮箱，为游客提供游览格林尼治的有用信息。通过与网站的对话、交流，人们得到了自己需要的信息和服务，分享了自己对格林尼治的体验；通过互动，网站本身也得到了用户有益的建议和反馈，最后达到了双赢共生的效果。

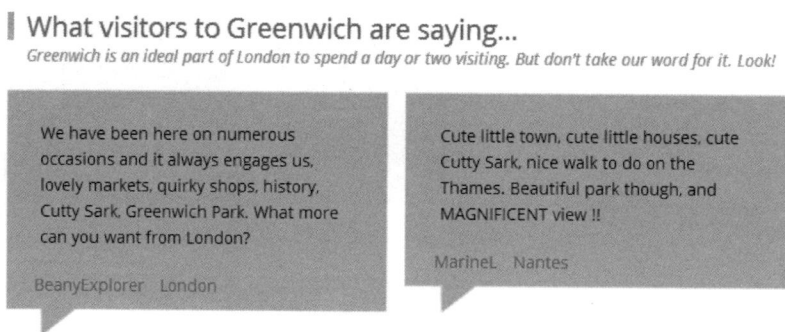

图 6-40　世界遗产格林尼治官网社群互动（来源：世界遗产格林尼治官网）

6.6　世界遗产网站的多媒体数字化

互联网是一种"信息密集型"媒体，是一种真正意义上的多媒体，与传统的纸媒信息相比，网络上的信息几乎不占用物理空间，因此设计者可以将大量的信息放在网络上,这意味着通过网络,不仅可以传播文字信息,还可以传播图像、音频和视频等媒体信息,甚至还可以和读者进行实时互动。互联网的这一特点可以用来极大地丰富网站的内容,浏览者可以通过综合、动态的形式来更直观、更生动、更有效地获取所需的信息,从而达到更好的宣传和展示世界遗产的作用。因此,本节将主要讨论世界遗产网站如何利用多媒体的特点,充分考虑网页的视觉效果和展示方式,使网站图文并茂,内容更加多姿多彩,界面更加直观、生动,从而吸引更多的网站浏览者和使用者。

网站上的文字信息是浏览者最想见到的东西。但在网络上,由于人们容易产生疲劳感,浏览者往往很难长时间将注意力集中在某一个网站的网页上,很难有耐心读完一篇篇幅冗长、内容繁杂的文章,也就是说,网页中的文字信息应尽可能简洁、紧凑和易读,信息内容应该更符合阅读者的阅读目的。如网站首页中介绍相关文化遗产地的内容应以概要信息为主,不宜涉及太多的具体细节,而有关某一景点、人物或古物的详细信息可以通过子目录或相关链接生成单独的网页信息。同时,页眉、页脚、内容区域和导航应该做到可以吸引用户的注意力,华而不实的动画和图标会分散用户的注意力,使用一致的页眉和页脚将会使网站显得很专业。通过查看杭州的世界遗产网站,我们发现,总体而言,网站的内容展示比较单一,里面涵盖的内容更多的是大段的介绍性文字,较少地考虑到外国游客所关注的实践信息。大部分站点的导览图仅仅是一张填充了颜色的图片,即使像 Flash 这样的技术运用得也不多,缺少寓教于乐的设计。

相较而言,以澳大利亚旅游官网为例,该网站的首页(图 6-41)并没有出现太多文字,而是以一幅幅不断变化的风光短片做背景来展示各个地区的标志性景点,这样简洁、直观的展示方式能瞬间抓住浏览者的注意力。同时,网页中动态的半圆形图标注了澳大利亚各地区的重要城市,以缩小版的图片加地名的形式展现,没有附加任何文字说明。一方面,首页中简洁的信息不容易让人产生阅读大段文字的疲劳感;另一方面,视频、图片这类动态直观的显示方式考虑到用户体验,在一开始就给予浏览者充分的主动性,可以有针对性地对自己需要的信息进行选择。

与澳大利亚旅游官网类似,世界遗产格林尼治官网的首页上(图 6-42)呈现的也是一幅幅流动的标志性风景,配以最简洁的文字说明。下拉后,出

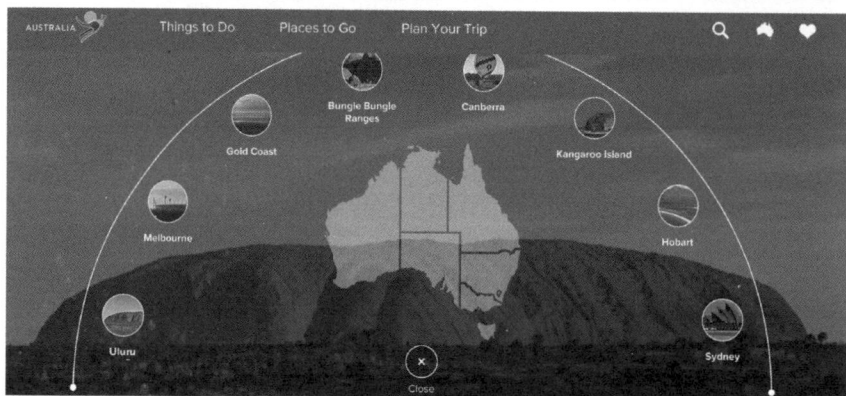

图 6-41 澳大利亚旅游官网首页（来源：澳大利亚旅游官网）

现的是旅行者关注的一些当地信息，如接下来这一周格林尼治将举行的一些有趣的娱乐活动、展览演出、旅游项目等，为即将到来的旅行者提供了及时更新的有用信息。值得一提的是，这些信息的查找也很好地考虑到了用户体验，用户可以根据类别或者时间进行搜索，方便又快捷；每个活动、具体景点都是以链接的方式进入，生成一个单独的页面，里面包括该活动的文字和图片的介绍，文字信息主要涵盖最简练的活动特色和意义、票价、开放时间、活动地址、交通方式等，并可通过链接到新的页面进行网上预订（图 6-43）。需要强调的是，该网站页面上每个景点的介绍性内容一般控制在三百字以内，这样让外国游客能很快通过网站提供的信息确定自己想要参观的景点，以便更好地计划自己的旅行。

图 6-42 世界遗产格林尼治官网首页（来源：世界遗产格林尼治官网）

图像是性价比最高的数字资源，比文本的输入方便，比文本更生动形象。人们总是倾向于接受感性认识的资源。在 21 世纪这一数字产品普

11am- 5pm

◦ **Kings and Queens Eltham Palace**
Eltham Palace and Gardens
Court Yard
Eltham
SE9 5QE

View On Google Maps

◦ Sunday, 23 August, 2015 to Tuesday, 25 August, 2015

◦ http://www.english-heritage.org.uk/visit/whats-on/kings-and-queens-Elt-23-08-2015

Location

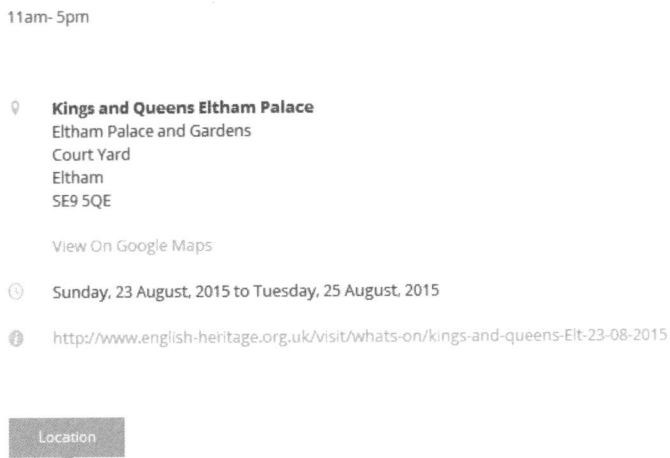

图 6-43　世界遗产格林尼治官网产品预订及信息（来源：世界遗产格林尼治官网）

及的时代，人们开始习惯于用图片记录自己的所见所闻所感，特别是一些摄影爱好者常常愿意用自己的视角去记录下四季变换的风景以及富有表现力的人文信息，这些都可以成为人们了解、认识世界遗产价值和文化内涵的一个重要来源。它不仅是工具，一种审美活动，它也在成为一种正常记录生活和娱乐的方式。然而，在文化遗产相关网站中，我们看到的大多是冷漠的、单调的、仅仅是以一种呈现意义存在的图像。假如能对图像的采集进行更多的思考和设计，或者能让更多的游览者、摄影师参与到这个领域中来，那么图像的传播意义自然也会更大。比如，在黄山的网站里，我们就能看到"大美黄山，逍遥四季"摄影大赛的征稿信息；故宫博物院网站中也展出了"我眼中的故宫"摄影作品，这种突破时间与空间限制的信息载体，使网站面向了全世界所有的互联网用户，用不同的视角来表现遗产的特色，这样，对网站浏览者来说也更加富有吸引力和感染力。当然，从生动性上来说，图像的表现力不及动态的影像视频，也没有办法像三维场景那样能与用户进行友好的交互。它需要和其他数字媒体一起展示，才能发挥它的长处。

声音是最能激发人们美感和艺术感的元素。使用声音，不仅可以加强表现内容的真实感，更可以让画面延伸出纵深感。通常，有了音频的伴随，人们在阅读文本或观看图片时不易疲劳，声音的立体感也远远比图像要强，能够让人有更为身临其境的感觉。视频是一种将声音与影像结合的记录方式,一场传统的祭祀活动,一个四季变化的风景,都可以通过视频生动形象地展现出来,多个角度的拍摄还可以弥补局部的细节。众所周知,杭州西湖和大运河沿线有很多有价值的非物质文化遗产,如戏曲艺术、民间技艺、民俗风情等。如果能够将戏曲中的经典片段,手工艺者的制作过程,传统节日的风俗习惯都以音频、视频的形式录制下来,放在相关文字、图片页面供浏览者点击,那样人们就可以通过网络直接体验到原汁原味的非物质文化遗产,这也能更好地帮助人们进一步了解世界遗产的文化内涵。为了让人们对遗产地有更好的感官体验,可以将与遗产地相关的影视作品、纪录片、音乐等内容链接放在网页的某一板块下,这能让人们对遗产地有更美好的联想空间。在这一点上,世界遗产地爱丁堡老城和新城的官网(图 6-44)就很好地借助互联网的这种优势,专门开设了多媒体栏目,以图片、音频、视频多种形式对爱丁堡进行展示,甚至提供下载(图 6-45),也发挥了对社会大众进行终身教育的功能,同时,这种方式也能成为十分重要的数字化保护和传播资源。英国的另一处世界遗产卡莱纳冯工业景观的官网上也展示了精彩的视频,值得学习(图 6-46)。中国的世界遗产黄山的官网同样开辟了"走进黄山"的板块,包含在线视频、360°虚拟游、影视作品、音乐欣赏四块内容,虽然在具体内容上尚不够完善,甚至一些板块的内容上有所缺失,但该网站在建立之初已经有意识地运用多媒体技术来提高网站的可视性和吸引力(图6-47)。

图 6-44 世界遗产爱丁堡官网多媒体展示(来源:世界遗产爱丁堡官网)

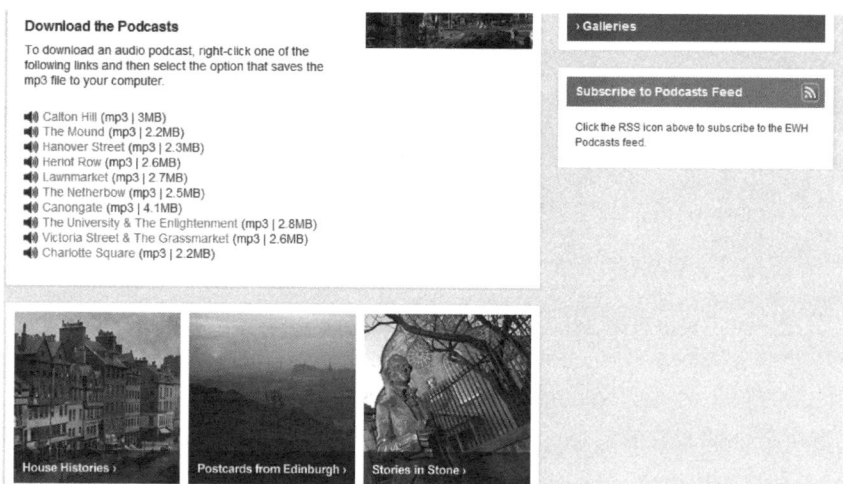

图 6-45　世界遗产爱丁堡官网多媒体资源下载（来源：世界遗产爱丁堡官网）

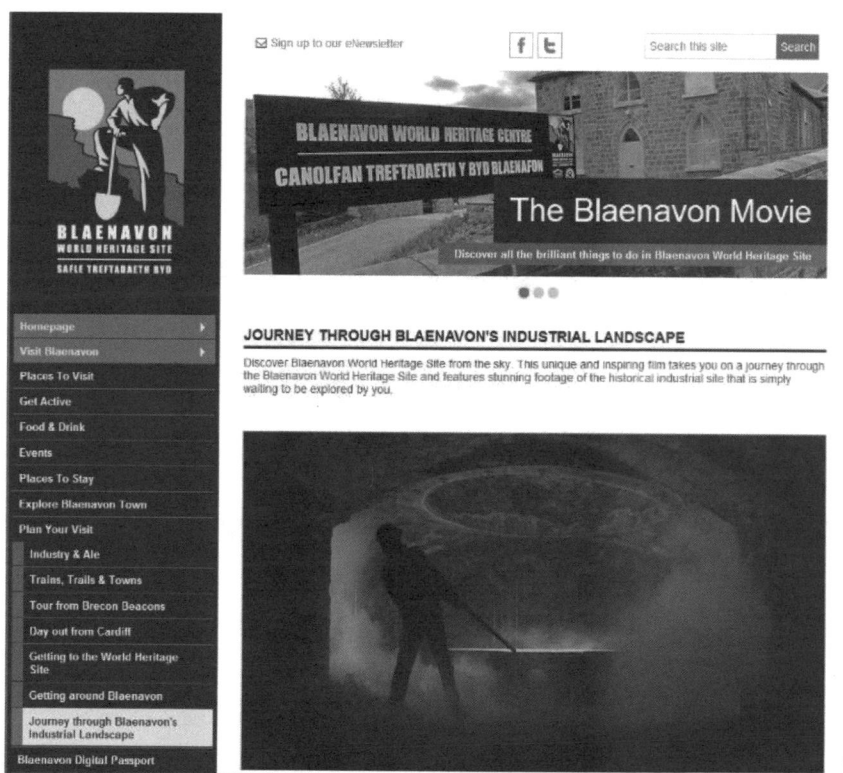

图 6-46　世界遗产卡莱纳冯工业景观官网上的视频

（来源：世界遗产卡莱纳冯工业景观官网）

图6-47 黄山风景名胜区官网走进黄山栏目(来源:黄山风景名胜区官网)

作为一种较新的数字资源,越来越多的三维对象被建立起来以展示文化遗产遗址或文物的实体。三维场景有着直观生动的特点,不仅表现力极佳,与虚拟现实技术相结合还可以与用户形成交互,使人们能够身临其境地在场景中游走,并能随时点击"热点开关"取得相关的信息或开启链接。国内最先采用三维图形技术和虚拟现实技术来建设古建筑的三维数据库的网站就是故宫博物院官网(图6-48,图6-49)。通过这种方式建立的古建筑档案,人们足不出户便可以全方位地浏览遗产地遗址、文物,不仅满足了当前的研究和维修需要,更能准确地将遗产流传给后人,从而使其焕发出更大的魅力和新的生机。

图6-48 故宫博物院官网360°全景虚拟漫游(来源:故宫博物院官网)

图6-49 故宫博物院官网360°全景虚拟漫游(来源:故宫博物院官网)

数字化时代到来以后,文字传播与视听语言传播一起,相互配合,优势互补,结合电子和数字媒介即时、互动、大量同时传播的特点,依据不同表现和再现的需要,或是以文字论著加多媒体作品,或是以文字语言加视听语言的方式,全方位地将世界遗产的文化内涵和精彩景观展现在千里之外的用户面前。大量的歌舞影音辑录、层出不穷的新老照片、影视作品等为文化遗产的数字化生存提供了极为丰富的素材和强大的索引功能,很大程度上增强了网站的可视性与直观性,更好地吸引人们点击网页获取资源和信息,从而建立一个文化遗产资源人人共享的网站,对于遗产地的宣传和保护有着巨大的促进作用。

6.7　结语

杭州的世界遗产网站建设是一项需要投入大量人力、物力的工程,它不仅需要具有独到设计眼光的网站设计建设者的努力,更需要管理者、民众共同的努力来进行网站资源的收集、整理、编目、归档以及不断更新和完善的工作。世界遗产网站的建设不是一件一蹴而就的事情,也不是仅仅通过理论上的探讨就能实现的。一个真正优秀的网站是鲜活的、充满活力的,需要在实际工作中通过管理者、技术人员以及网站用户的共同努力探索逐步完成,这是一项对世界遗产的保护和可持续发展具有巨大意义的事业。

参考文献:

[1] 杭州西湖世界文化遗产监测管理中心,杭州市城市规划设计研究院. 传承与共生:中国世界文化遗产与社区发展研究[M]. 北京:文物出版社,2014.

[2] 刘世锦. 中国文化遗产事业发展报告(2013)[M]. 北京:社会科学文献出版社,2013.

[3] 杨红. 非物质文化遗产数字化研究[M]. 北京:社会科学文献出版社,2014.

[4] 杨洋、史民峰. 影像语言在世界遗产保护中的不可替代性分析[J]. 北京印刷学院学报,2007,15(1):76-78.

[5] 一文. 25 年中国世界遗产之路[J]. 中国文化遗产,2010(6):16-33.

[6] 周明全,耿国华,武仲科. 文化遗产数字化保护技术及应用[M]. 北京：高等教育出版社，2011.

网络图片资源：

[1] 澳大利亚国际青年旅舍及民宿预订官网 https://www.yha.com.au/.

[2] 澳大利亚旅游官网 http://www.australia.com/en.

[3] 故宫博物院官网 http://www.dpm.org.cn/index 1024768.html#.

[4] 杭州旅游网 http://www.gotohz.com/index.shtml.

[5] 杭州法云安缦酒店 http://www.amanresorts.com.

[6] 河南博物院官网 http://www.chnmus.net/.

[7] 黄山风景名胜区官网 http://www.chinahuangshan.gov.cn/.

[8] 世界遗产爱丁堡新城和老城官网 http://www.ewht.org.uk/.

[9] 世界遗产巴斯官网 http://whc.unesco.org/en/list/428.

[10] 世界遗产格林尼治官网 http://www.visitgreen wich.org.uk/.

[11] 世界遗产卡莱纳冯工业景观官网 http://www.visitblaenavon.co.uk/ en/homepage.aspx.

[12] 西湖世界文化遗产网 http://xhsy.hzwestlake.gov.cn/index.aspx.

附　录

附录1

国务院办公厅关于加强我国非物质文化遗产保护工作的意见

国办发〔2005〕18 号

各省、自治区、直辖市人民政府，国务院各部委、各直属机构：

我国是一个历史悠久的文明古国，不仅有大量的物质文化遗产，而且有丰富的非物质文化遗产。党和国家历来重视文化遗产保护，弘扬优秀传统文化，为此做了大量工作并取得了显著成绩。但是，随着全球化趋势的增强，经济和社会的急剧变迁，我国非物质文化遗产的生存、保护和发展遇到很多新的情况和问题，面临着严峻形势。为贯彻落实党的十六大有关扶持对重要文化遗产和优秀民间艺术的保护工作的精神，履行我国加入联合国教科文组织《保护非物质文化遗产公约》的义务，经国务院同意，现就进一步加强我国非物质文化遗产保护工作，提出以下意见：

一、充分认识我国非物质文化遗产保护工作的重要性和紧迫性

非物质文化遗产是各族人民世代相承、与群众生活密切相关的各种传统文化表现形式和文化空间。非物质文化遗产既是历史发展的见证，又是珍贵的、具有重要价值的文化资源。我国各族人民在长期生产生活实践中创造的丰富多彩的非物质文化遗产，是中华民族智慧与文明的结晶，是联结民族情感的纽带和维系国家统一的基础。保护和利用好我国非物质文化遗产，对落实科学发展观，实现经济社会的全面、协调、可持续发展具有重要意义。

非物质文化遗产与物质文化遗产共同承载着人类社会的文明，是世界文化多样性的体现。我国非物质文化遗产所蕴含的中华民族特有的精神价值、思维方式、想象力和文化意识，是维护我国文化身份和文化主权的基本

依据。加强非物质文化遗产保护,不仅是国家和民族发展的需要,也是国际社会文明对话和人类社会可持续发展的必然要求。

随着全球化趋势的加强和现代化进程的加快,我国的文化生态发生了巨大变化,非物质文化遗产受到越来越大的冲击。一些依靠口授和行为传承的文化遗产正在不断消失,许多传统技艺濒临消亡,大量有历史、文化价值的珍贵实物与资料遭到毁弃或流失境外,随意滥用、过度开发非物质文化遗产的现象时有发生。加强我国非物质文化遗产的保护已经刻不容缓。

二、非物质文化遗产保护工作的目标和方针

工作目标:通过全社会的努力,逐步建立起比较完备的、有中国特色的非物质文化遗产保护制度,使我国珍贵、濒危并具有历史、文化和科学价值的非物质文化遗产得到有效保护,并得以传承和发扬。

工作指导方针:保护为主、抢救第一、合理利用、传承发展。正确处理保护和利用的关系,坚持非物质文化遗产保护的真实性和整体性,在有效保护的前提下合理利用,防止对非物质文化遗产的误解、歪曲或滥用。在科学认定的基础上,采取有力措施,使非物质文化遗产在全社会得到确认、尊重和弘扬。

工作原则:政府主导、社会参与,明确职责、形成合力;长远规划、分步实施,点面结合、讲求实效。

三、建立名录体系,逐步形成有中国特色的非物质文化遗产保护制度

认真开展非物质文化遗产普查工作。要将普查摸底作为非物质文化遗产保护的基础性工作来抓,统一部署、有序进行。要在充分利用已有工作成果和研究成果的基础上,分地区、分类别制订普查工作方案,组织开展对非物质文化遗产的现状调查,全面了解和掌握各地各民族非物质文化遗产资源的种类、数量、分布状况、生存环境、保护现状及存在问题。要运用文字、录音、录像、数字化多媒体等各种方式,对非物质文化遗产进行真实、系统和全面的记录,建立档案和数据库。

建立非物质文化遗产代表作名录体系。要通过制定评审标准并经过科学认定,建立国家级和省、市、县级非物质文化遗产代表作名录体系。国家级非物质文化遗产代表作名录由国务院批准公布。省、市、县级非物质文化遗产代表作名录由同级政府批准公布,并报上一级政府备案。

加强非物质文化遗产的研究、认定、保存和传播。要组织各类文化单

位、科研机构、大专院校及专家学者对非物质文化遗产的重大理论和实践问题进行研究，注重科研成果和现代技术的应用。组织力量对非物质文化遗产进行科学认定，鉴别真伪。经各级政府授权的有关单位可以征集非物质文化遗产实物、资料，并予以妥善保管。采取有效措施，防止珍贵的非物质文化遗产实物和资料流出境外。对非物质文化遗产的物质载体也要予以保护，对已被确定为文物的，要按照《中华人民共和国文物保护法》的相关规定执行。充分发挥各级图书馆、文化馆、博物馆、科技馆等公共文化机构的作用，有条件的地方可设立专题博物馆或展示中心。

建立科学有效的非物质文化遗产传承机制。对列入各级名录的非物质文化遗产代表作，可采取命名、授予称号、表彰奖励、资助扶持等方式，鼓励代表作传承人（团体）进行传习活动。通过社会教育和学校教育，使非物质文化遗产代表作的传承后继有人。要加强非物质文化遗产知识产权的保护。研究探索对传统文化生态保持较完整并具有特殊价值的村落或特定区域，进行动态整体性保护的方式。在传统文化特色鲜明、具有广泛群众基础的社区、乡村，开展创建民间传统文化之乡的活动。

四、加强领导，落实责任，建立协调有效的工作机制

要发挥政府的主导作用，建立协调有效的保护工作领导机制。由文化部牵头，建立中国非物质文化遗产保护工作部际联席会议制度，统一协调非物质文化遗产保护工作。文化行政部门与各相关部门要积极配合，形成合力。同时，广泛吸纳有关学术研究机构、大专院校、企事业单位、社会团体等各方面力量共同开展非物质文化遗产保护工作。充分发挥专家的作用，建立非物质文化遗产保护的专家咨询机制和检查监督制度。

地方各级政府要加强领导，将保护工作列入重要工作议程，纳入国民经济和社会发展整体规划，纳入文化发展纲要。加强非物质文化遗产保护的法律法规建设，及时研究制定有关政策措施。要制定非物质文化遗产保护规划，明确保护范围、保护措施和目标。中国民族民间文化保护工程是非物质文化遗产保护工作的重要组成部分，要根据其总体规划，有步骤、有重点地循序渐进，逐步实施，为创建中国特色的非物质文化遗产保护制度积累经验。

各级政府要不断加大非物质文化遗产保护工作的经费投入。通过政策引导等措施，鼓励个人、企业和社会团体对非物质文化遗产保护工作进行资

助。要加强非物质文化遗产保护工作队伍建设。通过有计划的教育培训，提高现有人员的工作能力和业务水平；充分利用科研院所、高等院校的人才优势和科研优势，大力培养专门人才。

要充分发挥非物质文化遗产对广大未成年人进行传统文化教育和爱国主义教育的重要作用。各级图书馆、文化馆、博物馆、科技馆等公共文化机构要积极开展对非物质文化遗产的传播和展示。教育部门和各级各类学校要逐步将优秀的、体现民族精神与民间特色的非物质文化遗产内容编入有关教材，开展教学活动。鼓励和支持新闻出版、广播电视、互联网等媒体对非物质文化遗产及其保护工作进行宣传展示，普及保护知识，培养保护意识，努力在全社会形成共识，营造保护非物质文化遗产的良好氛围。

附件：1.国家级非物质文化遗产代表作申报评定暂行办法

2.非物质文化遗产保护工作部际联席会议制度

3.非物质文化遗产保护工作部际联席会议成员名单

国务院办公厅

二○○五年三月二十六日

来源：中华人民共和国中央人民政府官网

http://www.gov.cn/zwgk/2005-08/15/content_21681.htm

附录 2

关于加快京杭大运河遗产保护和"申遗"工作的信

各位尊敬的市长：

　　在纪念我国加入《保护世界文化与自然遗产公约》20 周年及 2006 年新年到来之际，我们三位年老的城市规划与建筑、文物古建筑保护和工艺美术工作者，怀着急迫的心情，联名致信给您，呼吁用创新的思路，加快大运河在申报物质文化和非物质文化两大遗产领域的工作进程。

　　文化是一个国家综合国力的象征。以我们多年的经验来看，京杭大运河可是个无价之宝呀！沿岸的文化与自然遗产内容令人目不暇接。如果再加上还未被发掘的非物质文化遗产，那就更令人兴奋。如果将京杭大运河的历史价值、文化内涵和对中国历史发展的贡献相加，可以毫不夸张地说，足以与长城媲美。

　　我们坚信，京杭大运河申遗的成功率非常大，甚至大过目前正在排队等待的许多申报项目。

　　自 1985 年，由侯仁之、阳含熙和我们中的郑孝燮、罗哲文等四位全国政协委员提出中国应该加入《保护世界文化与自然遗产公约》以来，至今已经经历了 20 个年头而且我们国家的收获甚丰。中国已有三十一个项目名列世界文化和自然遗产名录；并有三项口述和非物质遗产列入了名录。这是国家的大好事，是民族的盛事，我们的后代将会感谢和铭记所有为此做出贡献的人。

　　但是由于各种原因，京杭大运河的"申遗"工作迟滞，裹足不前。这也造成了目前大运河由于行政区划而产生的保护与发展规划不一致甚至相左。为此我们向您建议，这件工作不仅不能再拖，而且，在大运河沿岸的经济发展高潮还未到来之际，务必还要使主管部门将申报自然文化遗产与申报非物质文化遗产结合在一起通盘考虑。这样才能做到全面。

　　站在历史的高度来看，京杭大运河的价值和风貌传承千万不能在我们这一代人手中"断流"。而更重要的是与以往的文物景观不同，京杭大运河是一个流动的、还活着的遗产。所以必须保护还要考虑发展，发展中要涵括保护。这才是我们申遗的目的。可有效促进当地社会经济和文化的可持续发展。

我们完全有理由相信,通过"申遗",京杭大运河完全可形成一条有中国特色的新的文化与自然景观带;在保护和弘扬了中华千年文化的同时,还能够使京杭大运河沿岸人民的生活变得更美好。

北京　郑孝燮（90 岁）　北京 罗哲文（82 岁）　杭州 朱炳仁（61 岁）

2005 年 12 月 15 日

来源:中国江苏网

http://cul.jschina.com.cn/gb/jschina/culture/culture/ userobject1ai1109415.html

附录 3

京杭大运河保护与申遗杭州宣言

（2006 年 5 月 24 日）

京杭大运河是我国古代劳动人民创造的一项伟大工程，是祖先留给我们的珍贵物质和精神财富，是活着的、流动的重要人类遗产。大运河肇始于春秋时期，形成于隋代，发展于唐宋，最终在元代成为沟通海河、黄河、淮河、长江、钱塘江五大水系、纵贯南北的水上交通要道。在两千多年的历史进程中，大运河为我国经济发展、国家统一、社会进步和文化繁荣做出了重要贡献，至今仍在发挥着巨大作用。

京杭大运河显示了我国古代水利航运工程技术领先于世界的卓越成就，留下了丰富的历史文化遗存，孕育了一座座璀璨明珠般的名城古镇，积淀了深厚悠久的文化底蕴，凝聚了我国政治、经济、文化、社会诸多领域的庞大信息。大运河与长城同是中华民族文化身份的象征。保护好京杭大运河，对于传承人类文明，促进社会和谐发展，具有极其重大的意义。

随着经济社会的发展，大运河的传统运输功能已经改变，河道、沿河风貌和人民生活都发生了很大变化，当前又面临着城市现代化、农村城镇化建设的严重挑战。如果再不加强保护，大运河的历史文化遗存、风光景物和自然生态环境就会不可避免地遭到破坏，真实性和完整性就会不复存在，这将是中华民族不可挽回的巨大损失。对大运河进行抢救性保护、实现可持续发展已经到了紧要关头。

在此，我们呼吁：

——唤起公众对大运河重要地位和多重价值的社会认知度，进一步增强各级政府的保护意识，总结和宣传各地在保护与发掘运河深厚历史文化内涵方面的经验，动员全社会力量参与大运河的保护与申遗工作，延续运河文脉，传承运河文明。

——从国家战略高度，建立统一协调机构，制定大运河保护的法律法规，统筹保护与发展规划，调动各方力量，实施有效保护，科学合理利用，造福子孙后代。

——按照《保护世界文化和自然遗产公约》的要求,重视并启动京杭大运河申遗工作,以创新的思路,正确处理自然遗产、文化遗产与非物质文化遗产的关系,正确处理保护、利用与发展的关系,切实把申遗的过程变成加强大运河保护与管理的过程。

——尽快成立由相关部委、有关专家、沿线城市参加并全力支持的研究机构,收集资料,摸清家底,以严肃的科学态度,开展调查研究和价值评估工作,向有关部门提出可行性建议。

——贯彻科学发展观,在大运河沿线经济社会发展规划与实施过程中,更加注重大运河的整体风貌,确保沿线文物得到有效保护,合理利用资源,维护生态环境,实现可持续发展,使古老的运河重新焕发青春与活力。①

---

① 来源:新华网 http://news.xinhuanet.com/newscenter/2006-05/24/content 4595692. htm。

附录 4

关于文化线路的研究方法、界定和操作的大会最后宣言

Congress on Methodology, Definitions and Operative Aspects of Cultural Routes

IBIZA, Spain, May 1999

FINAL DECLARATION

The Chairmen and representatives of the ICOMOS National Committees, as well as other specialists gathered together in IBIZA (Spain) on 21st-22nd may at the request of the International Committee on Cultural Routes (CIIC) and within the framework of the international congress on 'Methodology, Definitions and Operative Aspects of Cultural Routes', bearing in mind the quality and interest of the papers presented at this meeting, as well as in connection with the congresses on cultural routes held in Alicante (1997) and Tenerife (1999), on the route of 'the vine and the wine of Mediterranean countries' in la Rioja (1999) and on' Hispano-Portuguese bastioned fortifications' in Ibiza (1999), believe that cultural routes:

1. Constitute, thanks to the material, cultural or spiritual exchanges generated by the movement of mankind over long and continuous periods of time, a guiding thread which has produced, throughout its spatial journey, a cultural inter-fertilization among countries or regions.

2. Must necessarily be supported by tangible elements which represent heritage and the physical confirmation of their existence. The intangible factors give sense and meaning to the various elements which make up the whole.

3. Exist in a natural context in which they exert an influence and help to characterize and enrich with new dimensions, within an interactive process.

4. Have a global significance and, within the latter, the value of their parts lies in the overall, shared interest. In this way, they constitute a channel for cooperation, solidarity, mutual respect and appreciation, and a fundamental contribution to dialogue and peace. They possess a symbolic value which give cause for hope and understanding among nations.

5. Are a suitable instrument for highlighting the fact that cultural reality a multi-faceted, which requires a multi-disciplinary approach. They also help to achieve the most complete and rewarding assumption of one's own identity, bearing in mind that the latter forms part of a wider dimension, represented by shared cultural reality, and all of this within universal cultural links.

6. Allow a plural and, therefore, more realistic and fairer interpretation of history.

7. Are the result of peaceful encounters or disputes, and currently present a number of dimension which transcend their primitive function and offer the possibility of setting up a new dynamic of cultural and economic cooperation among nations.

8. Renew scientific hypotheses and allow technical, artistic and cultural knowledge to increase.

Within the framework of the definition of objectives, of methodology and of the search for operativity, the participants in these conferences make the following recommendations:

1. That the proposals be collected and a pre-inventory of cultural routes be established. To assign each one of these routes a multi-disciplinary coordination committee made up of experts appointed by the CIIC and in charge of selecting the scientific criteria on which the analyses must be based.

2. To create, for each one of the routes defined, a network for carrying out the scientific studies and investigations.

3. To identify groups and institutions which help to publicize, safeguard and highlight the value of the cultural routes, as well as the

spreading of knowledge relating to them.

4. To raise the awareness of governments about the importance of cultural routes and to attempt to integrate them in the framework of territorial planning and organization policies, in order to ensure the operativity of the actions which are undertaken.

5. To urge international cooperation by means of durable development plans in the areas through which a cultural route passes, due to the fact that all of them constitutes an integral part of a shared common asset.

6. To develop the methods of approach and analysis within an objective aimed at safekeeping, highlighting value and improving knowledge. To work towards increasing the precision of the vocabulary and the concepts.

7. To investigate and spread conservation techniques adapted to the complexity of the elements and situations which the cultural routes entail.

8. To identify strategies which locate and attract means of financing aimed at supporting the work to be carried out.

9. To publish the results of the investigations. [1]

Ibiza，22nd May 1999

---

[1]　来源:国际古迹遗址理事会文化线路委员会 http://www. icomos-ciic. org/ INDEX_ingl. htm.